Persönliches

Name _____

Straße _____

PLZ _____ Ort _____

Telefon _____

E-Mail _____

Wichtige Adressen/Hinweise

Notarzt _____

Hausarzt _____

Zahnarzt _____

Blutgruppe _____

Im Notfall bitte
benachrichtigen _____

Ärztliche Hinweise _____

Personalausweis-Nr. _____

Reisepass-Nr. _____

Führerschein-Nr. _____

Übersichtskalender 2023

Januar / Februar / März

	Januar						Februar						März				
Mo		2	9	16	23	30		6	☾	☻	☽			6	13	20	27
Di		3	10	17	24	31		7	14	21	28			☺	14	☻	28
Mi		4	11	18	25		1	8	15	22			1	8	☾	22	☽
Do		5	12	19	26		2	9	16	23			2	9	16	23	30
Fr		6	13	20	27		3	10	17	24			3	10	17	24	31
Sa		☺	14	☻	☽		4	11	18	25			4	11	18	25	
So	1	8	☾	22	29		5	☺	12	19	26		5	12	19	26	

April / Mai / Juni

	April						Mai						Juni				
Mo		3	10	17	24		1	8	15	22	29			5	12	19	☽
Di		4	11	18	25		2	9	16	23	30			6	13	20	27
Mi		5	12	19	26		3	10	17	24	31			7	14	21	28
Do		☺	☾	☻	☽		4	11	18	25			1	8	15	22	29
Fr		7	14	21	28		☺	☾	☻	26			2	9	16	23	30
Sa	1	8	15	22	29		6	13	20	☽			3	☾	17	24	
So	2	9	16	23	30		7	14	21	28			☺	11	☻	25	

Juli / August / September

	Juli						August						September				
Mo		☺	☾	☻	24	31		7	14	21	28			4	11	18	25
Di		4	11	18	25		☺	☾	15	22	29			5	12	19	26
Mi		5	12	19	☽		2	9	☻	23	30			6	13	20	27
Do		6	13	20	27		3	10	17	☽	☺			☾	14	21	28
Fr		7	14	21	28		4	11	18	25			1	8	☻	☽	☺
Sa	1	8	15	22	29		5	12	19	26			2	9	16	23	30
So	2	9	16	23	30		6	13	20	27			3	10	17	24	

Oktober / November / Dezember

	Oktober						November						Dezember				
Mo		2	9	16	23	30		6	☻	☽	☺			4	11	18	25
Di		3	10	17	24	31		7	14	21	28			☾	12	☽	26
Mi		4	11	18	25		1	8	15	22	29			6	☻	20	☺
Do		5	12	19	26		2	9	16	23	30			7	14	21	28
Fr		☾	13	20	27		3	10	17	24			1	8	15	22	29
Sa		7	☻	21	☺		4	11	18	25			2	9	16	23	30
So	1	8	15	☽	29		☾	12	19	26			3	10	17	24	31

☻ Neumond ☽ Zunehmender Halbmond ☺ Vollmond ☾ Abnehmender Halbmond

Helga Föger

Mit dem Mond leben
2023

HEYNE ‹
LUDWIG

Impressum

Die Autorin

Die in Tirol aufgewachsene Helga Föger lebt zurückgezogen in der ländlichen Idylle des österreichischen Waldviertels. Seit vielen Jahren beschäftigt sie sich intensiv mit Mystik, Astrologie und alten, vergessenen Denkformen und Kulturen. Die so erworbenen Kenntnisse setzt sie in ihrem alltäglichen, im Einklang mit den Rhythmen der Natur geführten Leben auch praktisch um.

© 2022 by Wilhelm Heyne Verlag
in der Penguin Random House Verlagsgruppe GmbH,
Neumarkter Straße 28, 81673 München

Hinweis

Der vorliegende Kalender ist sorgfältig erarbeitet worden. Dennoch erfolgen alle Angaben ohne Gewähr. Weder die Autorin noch der Verlag können für eventuelle Nachteile oder Schäden, die aus den im Kalender gegebenen praktischen Hinweisen resultieren, eine Haftung übernehmen.

Redaktion: Christian Wolf, Christoph Taschner
Layout: MWG, München
Satz: Buch-Werkstatt GmbH,
    Bad Aibling/Kim Winzen

Printed by EuroPrintPartner GmbH & Co. KG

ISBN: 978-3-453-23907-4

Penguin Random House Verlagsgruppe FSC® N001967

Inhaltsverzeichnis

Der Mond und das Leben auf der Erde **8**
Mondwirkungen · Altes Wissen nutzen
Die Mondphasen **9**
Der Neumond · Der zunehmende Mond
Der Vollmond · Der abnehmende Mond
Der auf- und absteigende Mond **13**
Der Mond und die Tierkreiszeichen **14**
Mondphasen und Gesundheit **15**
Die Körperregionen · Rote Tage · Blaue Tage · Männliche und weibliche
Sternzeichen · Grundregeln für chirurgische Eingriffe · Die Organuhr
Nahrung **18**
Witterung **19**
Wärmetage · Kältetage · Lichttage · Wassertage
Das Wetter nach dem hundertjährigen Kalender **20**
Die knauerschen Aufzeichnungen · Die Planetenjahre
Wetterwechsel bei Neumond
Körperpflege, Haushalt **24**
Haare schneiden · Dauerwelle legen · Fußreflexzonenmassage
Haut- und Nagelpflege · Einkochen · Hausputz · Waschtag
Alltag, Garten und Landwirtschaft **26**
Geldangelegenheiten · Harmonie in der Partnerschaft · Verreisen · Mond-
phasen und Pflanzenwachstum · Gehölze schneiden · Pflanzen gießen
Kompost an- und umsetzen · Tomaten und Fruchtpflanzen setzen
Wurzelgemüse setzen · Salat säen, setzen · Blumenkohl säen, setzen
Brokkoli säen, setzen · Kartoffeln legen · Hülsenfrüchte legen
Getreide anbauen · Blumen säen, setzen · Blumen umtopfen · Ableger,
Stecklinge setzen · Unkraut jäten · Rasen mähen · Pilze sammeln
Christbäume schneiden
Günstige Aussaattermine **32**
Die Lebenskraft der Bäume **34**
Kleines Abc der Mondheilkräuter **36**
Wetterregeln **38**
Mondkalender 2023 . . . . **40**
Schulferien 2023 in Deutschland **155**

Der Mond und das Leben auf der Erde

Kein anderer Himmelskörper ist uns so nahe wie der Mond. Sein Licht erhellt unsere Nächte, er rührt die Herzen der Liebenden, regt die Dichter zu bewegenden Versen an.

Dass der Mond den Rhythmus der Gezeiten – Ebbe und Flut – ebenso bestimmt wie den Fruchtbarkeitszyklus der Frauen, wissen wir. Seine Wirkung geht jedoch viel weiter. Wer kennt nicht die Unrast, die Nervosität, die Schlaflosigkeit, die uns in Vollmondnächten kaum zur Ruhe kommen lassen, und wer hat nicht schon erlebt, dass er zu Zeiten des Neumondes voller Entschlusskraft und Tatendrang war?

Mondwirkungen

Unsere Vorfahren kannten den Einfluss des Mondes auf alles irdische Leben und nutzten ihn auf vielfältige Weise. Wenn es um Gesundheit und Krankheit, um Essen und Trinken, um Haus und Garten, um Feld und Wald ging, waren Mondkalender wichtige Ratgeber, um den richtigen Zeitpunkt zu finden, zu dem etwas von Erfolg gekrönt ist. Es schien, als seien diese wertvollen Erfahrungen für immer vergessen. Nur wenige Menschen haben sie bewahrt und mit dem Leben unserer Tage verbunden. Aus jahrhundertealten Überlieferungen, jahrelanger Erfahrung, gründlichen Beobachtungen und feinem Gefühl erwächst ihr Wissen. Wir sollten es nutzen und mit dem Mond leben.

Altes Wissen nutzen

Dieser Mondkalender will Ihnen dabei ein Begleiter und Helfer sein. Allerdings nicht mit der Absicht, dass Sie Ihr tägliches Leben, Ihre gesamten Aktivitäten an einem starren Schema ausrichten, sondern vielmehr mit dem Wunsch, dass Sie durch eigenes Beobachten, durch Ihre ganz individuelle Erfahrung die Energien des Mondes erspüren und für Ihr Leben nutzen.

Die Mondphasen

Bei seinem Erdumlauf, der knapp einen Monat dauert, durchläuft der Mond, je nach seiner Stellung im Verhältnis zu Erde und Sonne, verschiedene Phasen. In jeder dieser Phasen wirkt er unterschiedlich auf das irdische Leben.

Der Neumond

 Wenn die der Erde zugewandte Seite des Mondes fast völlig verdunkelt ist, sprechen wir vom Neumond. Der Erdbegleiter steht dann für zwei bis drei Tage ziemlich genau zwischen Erde und Sonne. Wir nennen diese Konstellation auch Konjunktion. Dabei tritt übrigens auch der Fall ein, dass der Mond während dieser Zeit in demselben Tierkreiszeichen steht wie die Sonne.

Bei Neumond wirken kräftige Impulse auf Mensch und Natur. Sie gelten als die Kräfte der Neuorientierung, des Beginnens. Die konzentrierten Energien sind frisch und ursprünglich, regen dazu an, Vorhaben zu planen, die in der Folge wachsen und reifen sollen.

Auch in der Natur kündigen die Impulse des Neumondes Beginnendes an. Die Erde beginnt abzugeben, die Säfte regen sich. Wer jetzt kranke Bäume oder Pflanzen zurückschneidet, kann erleben, wie sie sich zusehends erholen und regenerieren.

Für den menschlichen und tierischen Organismus bestärken die Neumondimpulse die Fähigkeit zur Entgiftung und Entschlackung. Zu keiner anderen Zeit ist die Wirksamkeit eines Fasttags so hoch. Günstig ist die Neumondzeit auch, um damit zu beginnen, ungesunde Gewohnheiten aufzugeben, wie das Rauchen oder den übermäßigen Alkoholkonsum.

Auf chirurgische Eingriffe sollte man nach Möglichkeit während des Neumondes verzichten, da die Wunden in dieser kurzen Phase langsamer heilen.

Der zunehmende Mond

 Ist nach Neumond die erste schmale, nach links geöffnete Mondsichel zu erkennen, beginnt die Phase des zunehmenden Mondes. Von den Astronomen wird sie in zwei Abschnitte eingeteilt – in das erste und das zweite Viertel.

Während des ersten Viertels nähert sich der Mond der Erde, bis er ihr nach etwa sieben Tagen als Halbmond am nächsten ist. Dann kreuzt er die Umlaufbahn der Erde um die Sonne und entfernt sich wieder von uns, um, weiter an Leuchtkraft zunehmend, ca. 14 Tage nach Neumond das zweite Viertel zu vollenden und das Vollmondstadium zu erreichen.

In der Phase des zunehmenden Mondes steht alles im Zeichen der Aufnahme, des Einatmens, des Wachsens. Positive Einflüsse überwiegen, die Energien werden aufgenommen und gespeichert. In dieser Zeit steigen die Geburtenzahlen; sie erreichen bei Vollmond ihren absoluten Höhepunkt.

In der Natur dominiert nun das oberirdische Wachstum, die Säfte steigen nach oben. Jetzt ist erfahrungsgemäß die günstigste Zeit für die Aussaat und das Pflanzen von allem, was nach oben wächst und Früchte trägt, also z. B. für Obst und Blumen.

In der Zeit des zunehmenden Mondes gesäter Rasen sprießt besonders schnell und kräftig, und nach dem Mähen wächst er rasch wieder nach.

Der Körper kann in der Zeit des zunehmenden Mondes alles, was ihm an Kräftigendem, Aufbauendem, Heilendem zugeführt wird, besonders gut aufnehmen, speichern und verwerten. Seine Selbstheilungskraft ist ebenfalls sehr hoch.

Gespeichert werden allerdings auch die Nährstoffe. Deshalb sollte verständlicherweise jeder, der auf sein Gewicht achten muss, in dieser Zeit etwas zurückhaltender mit dem Essen sein.

Der Vollmond

 Wenn der Mond die Hälfte seines Erdumlaufs zurückgelegt hat, steht er der Sonne direkt gegenüber, in Opposition zu ihr. Seine sichtbare Oberfläche ist voll beleuchtet, er steht für ein bis zwei Tage als kreisrunde, leuchtende Scheibe am nächtlichen Himmel.

Zu keiner anderen Zeit sind die Impulse des Mondes so deutlich zu spüren wie in der Vollmondphase. Es ist die Zeit starker Gefühle, positiver wie negativer. Statistiken vermerken für die wenigen Stunden des Vollmondes nicht nur besonders hohe Geburtenzahlen, sondern auch überdurchschnittlich viele Unfälle und Gewaltverbrechen.

In der Natur bewirken die kräftigen Impulse während des Vollmondes, die den Richtungswechsel von Aufnahme zu Abgabe ankündigen, eine ganz besondere Stimmung. Einerseits erreicht die Natur jetzt den Höhepunkt ihrer Aufnahmefähigkeit, weshalb der Zeitpunkt für eine optimale Pflanzenernährung durch Düngung geradezu ideal ist. Andererseits kann es geschehen, dass Gehölze absterben, wenn auch nur wenige Zweige abgebrochen oder weggeschnitten werden.

Das Sammeln von Heilkräutern hat jetzt Hochkonjunktur, ihre Heilkraft ist besonders hoch. Vor allem heilende Wurzeln soll man in den Vollmondnächten ausgraben, weil das Tageslicht ihre Wirkung erheblich mindert.

Der Organismus reagiert auf die Energien des Vollmondes häufig mit Unruhe und Nervosität. Sensible Menschen haben Schlafstörungen, andere berichten von besonders eindrucksvollen Träumen und Visionen. Weil Wunden stärker und länger bluten als zu anderen Zeiten sowie Verletzungen langsamer und schlechter heilen, ist es außerdem ratsam, bei Vollmond auf chirurgische Eingriffe zu verzichten.

Der abnehmende Mond

Der Mond setzt seinen Erdumlauf fort und vollendet ihn. Er nähert sich jetzt wieder der Erde, wobei die Größe der von der Sonne beleuchteten Oberfläche von rechts nach links fortschreitend geringer wird. Wenn er etwa 22 Tage nach Neumond die Sonnenumlaufbahn der Erde erneut kreuzt, ist er nur mehr halb zu sehen. Nun beginnt das letzte Viertel, die nach rechts geöffnete Sichel wird von Tag zu Tag schmaler, bis schließlich die Neumondphase erreicht ist. Danach beginnt alles von neuem.

Die Impulse des abnehmenden Mondes sind auf Abgabe gerichtet, auf das Ausatmen, das Freisetzen von Kräften und Energien. Dieser balsamische oder aussäende Mond, wie ihn die Astrologen interessanterweise nennen, befreit von Zweifeln und Ängsten, vollendet und bündelt die positiven Gefühle für den nun bald beginnenden neuen Zyklus.

In der Natur fließen die Säfte abwärts, die Energien gehen zu den Wurzeln. Die Erde ist aufnahmebereit, das Wachstum unter der Oberfläche ist begünstigt. Jetzt ist es an der Zeit, all das zu pflanzen oder zu säen, was vorwiegend in die Erde hineinwächst, also z. B. Wurzelgemüse und -kräuter. Nährstoffe und Feuchtigkeit werden vom Boden während der Phase des abnehmenden Mondes besonders gut aufgenommen, deshalb sind Düngung und Bewässerung der Pflanzen jetzt besonders wirkungsvoll und noch dazu weniger umweltbelastend.

Der Organismus ist in der Zeit des abnehmenden Mondes in seiner besten Form. Körperliche wie auch geistige Höchstleistungen gelingen viel müheloser als während der anderen Mondphasen.

Operationen sind in der Zeit des abnehmenden Mondes erfolgreicher, Wunden heilen schneller.

Der auf- und absteigende Mond

Es gibt noch zwei weitere Mondqualitäten, die vor allem für die Pflanzenwelt von Bedeutung sind, aber unter Umständen auch Beachtung finden können, um einen nicht ganz idealen Zeitpunkt für eine gesundheitliche Maßnahme zu optimieren oder im Haushalt ein besseres Ergebnis zu erzielen. Diese Mondqualitäten, die nichts mit den bereits beschriebenen Mondphasen zu tun haben, ergeben sich aus dem siderischen (auf die Sterne bezogenen) Umlauf des Mondes, wobei der Erdtrabant die zwölf bekannten astrologischen Tierkreiszeichen durchläuft.

Der aufsteigende Mond

 Aufsteigend durchquert der Mond dabei die Tierkreiszeichen zwischen der Winter- und der Sommersonnenwende, also Schütze, Steinbock, Wassermann, Fische, Widder und Stier bzw. Zwillinge, wo er seinen Wendepunkt erreicht.

Die Zeit des aufsteigenden Mondes kann als eine Phase des Abgebens durch die Erde betrachtet werden. Wachstum und Ausdehnung sind bestimmend. Die Entwicklung in der Natur über der Erdoberfläche ist ähnlich der bei zunehmendem Mond. Das Veredeln von Obstgehölzen ist jetzt z. B. günstig.

Der absteigende Mond

 Absteigend durchwandert der Mond alle Tierkreiszeichen der Monate Juni bis Dezember, also Zwillinge, Krebs, Löwe, Jungfrau, Waage und Skorpion bzw. Schütze (Wendepunkt).

Die Zeit des absteigenden Mondes kann als eine Phase des Aufnehmens durch die Erde angesehen werden. Die Entwicklung in der Natur unter der Erdoberfläche ist ähnlich der bei abnehmendem Mond, weshalb diese Phase z. B. für das Schneiden von Gehölzen besonders günstig ist, aber auch für Pflanzarbeiten.

Der Mond und die Tierkreiszeichen

Tierkreis-zeichen	Körper-regionen	Element	Pflanzen-teil	Abnehm. Mond	Zunehm. Mond
Widder	Kopf, Gesicht	Feuer	Frucht	April–Okt.	Okt.–April
Stier	Kiefer, Hals, Nacken	Erde	Wurzel	Mai–Nov.	Nov.–Mai
Zwillinge	Schultern, Arme, Hände	Luft	Blüte	Juni–Dez.	Dez.–Juni
Krebs	Magen, Lunge, Galle, Leber	Wasser	Blatt	Juli–Jan.	Jan.–Juli
Löwe	Herz, Kreislauf, Blutdruck	Feuer	Frucht	Aug.–Febr.	Febr.–Aug.
Jungfrau	Stoffwechsel, Verdauung	Erde	Wurzel	Sept.–März	März–Sept.
Waage	Hüfte, Nieren, Blase	Luft	Blüte	Okt.–April	April–Okt.
Skorpion	Sexualorgane, Harnleiter	Wasser	Blatt	Nov.–Mai	Mai–Nov.
Schütze	Oberschenkel, Venen	Feuer	Frucht	Dez.–Juni	Juni–Dez.
Steinbock	Knie, Haut, Knochen	Erde	Wurzel	Jan.–Juli	Juli–Jan.
Wassermann	Unterschenkel, Venen	Luft	Blüte	Febr.–Aug.	Aug.–Febr.
Fische	Füße, Zehen	Wasser	Blatt	März–Sept.	Sept.–März

Mondphasen und Gesundheit

Bei seinem 28-tägigen Umlauf um die Erde wandert der Mond durch die zwölf Sternbilder des Tierkreises. In jedem von ihnen hält er sich für etwa zwei bis drei Tage auf. Durch die Kombination der Mondkräfte mit den astrologischen Einflüssen, die von den Sternbildern ausgehen, entstehen besondere Impulse, die vor allem für den menschlichen Körper, aber auch für Gartenbau und Landwirtschaft bedeutsam sind.

Die Körperregionen

Jedem Tierkreiszeichen werden bestimmte Bereiche des Körpers zugeordnet. Während der Mond das entsprechende Tierkreiszeichen durchläuft, sind die zugeordneten Körperregionen einerseits besonders anfällig für starke Belastungen, andererseits auch besonders empfänglich für Entlastung, Pflege und Behandlung. Chirurgische Eingriffe sollten dann vermieden werden.

Rote Tage – zunehmender Mond

Befindet sich der Mond in seiner zunehmenden Phase, nehmen die entsprechenden Organe bzw. Körperbereiche aufbauende und stärkende Substanzen sehr gut an.

Je kürzer die zeitliche Distanz zum Vollmond ist, desto stärker wird die zuführende Wirkung sein.

Blaue Tage – abnehmender Mond

Ist der Mond in der abnehmenden Phase, sind die entsprechenden Organe bzw. Körperregionen besonders empfänglich für reinigende, entgiftende und entschlackende Maßnahmen.

Je kürzer die zeitliche Distanz zum Neumond ist, desto stärker wird die entziehende Wirkung sein.

Männliche und weibliche Sternzeichen

Die Astrologie unterteilt die Tierkreiszeichen nach dem Geschlecht. Männlich in diesem Sinn sind Widder, Zwillinge, Löwe, Waage, Schütze und Wassermann.

Weiblich sind demnach Stier, Krebs, Jungfrau, Skorpion, Steinbock und Fische.

Vor einiger Zeit gelang dem tschechischen Arzt und Psychiater Dr. Eugen Jonas eine sensationelle Entdeckung.

Mit Hilfe astrologischer Daten ist es offenbar möglich, durch den Zeitpunkt der Befruchtung auch das Geschlecht eines Kindes vorauszubestimmen. Dr. Jonas erfuhr bei der Befragung von etwa 30000 Frauen, dass immer dann ein Junge geboren wurde, wenn der Mond im Augenblick der Zeugung in einem der sechs männlichen Tierkreiszeichen gestanden hatte, während im anderen Fall ein Mädchen zur Welt kam. Die Trefferquote lag bei über 98 Prozent der untersuchten Fälle.

Grundregeln für chirurgische Eingriffe

Eine Operation sollte möglichst nicht in der Nähe eines Vollmondtags vorgenommen werden, weil zu dieser Zeit die Blutungs- und Infektionsgefahr besonders hoch sind. Im Allgemeinen ist es deshalb besser, mit dem Arzt zu besprechen, ob mit einer Operation bis zum abnehmenden Mond gewartet werden kann. Das gilt selbstverständlich nicht für Notoperationen, die ja unerlässlich sind.

Jeder chirurgische Eingriff in den Körperbereich, der von dem Sternbild bestimmt wird, das der Mond gerade durchläuft, ist besonders belastend für den gesamten Organismus. Deshalb sollte ein Eingriff in den betreffenden Körperbereich an den entsprechenden Tagen möglichst vermieden werden, wenn es mit den medizinischen Erfordernissen vereinbar ist.

Mondphasen und Gesundheit

Als wertvolle Ergänzung zu den Regeln, die sich aus den Wechselwirkungen von Mondphasen und astrologischen Einflüssen für ein gesundheitsbewusstes Leben ergeben, kann die sogenannte Organuhr dienen, die wir der alten chinesischen Heilkunst verdanken.

Die Organuhr

Sie zeigt den Tagesrhythmus unserer Körperorgane an. Wenn es gelingt, Belastung und Entlastung der jeweiligen Körperbereiche diesem Rhythmus entsprechend zu steuern, kann man Störungen oder sogar Krankheiten noch besser vermeiden.

Wie aus der Tabelle zu ersehen ist, legen die Organe nach einer etwa zweistündigen Phase hoher Aktivität eine etwa gleich lange Erholungsphase ein, in der zusätzliche Belastungen vermieden werden sollten.

Organ	Aktive Phase	Passive Phase
Leber	01 bis 03 Uhr	03 bis 05 Uhr
Lunge	03 bis 05 Uhr	05 bis 07 Uhr
Dickdarm	05 bis 07 Uhr	07 bis 09 Uhr
Magen	07 bis 09 Uhr	09 bis 11 Uhr
Bauchspeicheldrüse, Milz	09 bis 11 Uhr	11 bis 13 Uhr
Herz	11 bis 13 Uhr	13 bis 15 Uhr
Dünndarm	13 bis 15 Uhr	15 bis 17 Uhr
Harnblase	15 bis 17 Uhr	17 bis 19 Uhr
Nieren	17 bis 19 Uhr	19 bis 21 Uhr
Kreislauf	19 bis 21 Uhr	21 bis 23 Uhr
Gallenblase	23 bis 01 Uhr	01 bis 03 Uhr

Tierkreiszeichen und Nahrung

Beobachtungen und Erfahrungen haben gezeigt, dass der Organismus zu bestimmten Zeiten auf bestimmte Nahrungsmittel in besonderer Weise reagiert.

Häufig werden sie zu diesem Zeitpunkt besonders gut aufgenommen und verwertet.

Manchmal ist auch das Gegenteil der Fall – sie bekommen uns nicht, und es ist besser, wenn wir sie zu diesen Zeitpunkten vermeiden.

Wir sind gut beraten, wenn wir immer darauf achten und unsere eigene Erfahrung bei der Speisenauswahl konsequent berücksichtigen. So können wir nicht nur Ernährungsfehler vermeiden, sondern durchaus auch verhindern, dass uns bestimmte Nahrungsmittel, zu einem bestimmten Zeitpunkt gegessen, wegen allzu guter Verwertung letztlich dick oder sogar krank machen.

Eiweiß: Die Feuerzeichen (Widder, Löwe, Schütze) bestimmen die Eiweißaufnahme.

An den Tagen, wenn der Mond in einem dieser Tierkreiszeichen steht, wirken eiweißhaltige Nahrungsmittel besonders auf unseren Organismus. Sie fördern den Zellaufbau und stärken physische Kraft sowie geistige Energie.

Salz: Die Erdzeichen (Stier, Jungfrau, Steinbock) bedingen eine besondere Salzaufnahme.

Fett: Die Luftzeichen (Zwillinge, Waage, Wassermann) unterstützen die Nahrungsfette bei deren Wirkung auf den Organismus.

Kohlenhydrate: Die Wasserzeichen (Krebs, Skorpion, Fische) beeinflussen die Verwertung der Kohlenhydrate.

Tierkreiszeichen und Witterung

Die Wirkung, die von dem Tierkreiszeichen ausgeht, in dem sich der Mond während seines Umlaufs gerade befindet, bestimmt in gewissem Ausmaß auch die Witterungsqualität des betreffenden Tages.

Wärmetage: Eine angenehme, als verhältnismäßig warm oder mild empfundene Grundstimmung herrscht vor, wenn sich der Mond in einem der drei Feuerzeichen (Widder, Löwe, Schütze) befindet. Solche Tage laden zu Ausflügen in die Natur ein, auch dann, wenn der längerfristige Wettercharakter eher unfreundlich ist.

Kältetage: An den Tagen, wenn der Mond in einem Erdzeichen (Stier, Jungfrau, Steinbock) verweilt, herrscht ein kühles »Mikroklima« vor, auch wenn die Lufttemperaturen hoch sein sollten. Ziehen Wolken auf, macht sich die Abkühlung deutlicher bemerkbar als an anderen Tagen. Man fröstelt leichter.

Lichttage: Bestimmt ein Luftzeichen (Zwillinge, Waage, Wassermann) die Tagesqualität, wirkt die Lichteinstrahlung intensiver auf Pflanzen, Tiere und Menschen. Es ist heller als an anderen Tagen, und dieser Eindruck besteht auch, wenn sich die Sonne hinter Wolken versteckt.

Wassertage: Steht der Mond in einem Wasserzeichen (Krebs, Skorpion, Fische), dann muss man häufiger mit Niederschlägen rechnen als an anderen Tagen. Aber auch wenn die Sonne scheint, sind Boden und Gras meist feucht und kühl. Besonders deutlich wird dieser Witterungseindruck bei zunehmendem Mond.

19

Die knauerschen Aufzeichnungen

Mauritius Knauer, ein auch in Astronomie und anderen Naturwissenschaften gebildeter Abt im Bistum Würzburg, widmete sich in der Mitte des 17. Jahrhunderts intensiven Natur- und Wetterbeobachtungen. Sein Ziel war es, das oft undurchschaubare Wettergeschehen besser zu verstehen und die dafür verantwortlichen Gesetzmäßigkeiten zu erkennen. Das dadurch gewonnene Wissen sollte die Garten- und Feldarbeit des Klosters und der umliegenden Bauern erleichtern.

Knauers Erkenntnisse wurden genauestens notiert und bildeten schließlich eine Art immerwährenden Kalender, der später als hundertjähriger Kalender bekannt wurde.

Die Planetenjahre

Nach Knauers Grundauffassung wiederholt sich das Wetter ca. alle sieben Jahre. Es könne natürlich aufgrund einer Sonnen- oder Mondfinsternis bzw. durch den Einfluss eines Kometen zu Abweichungen von diesem Zyklus kommen, ansonsten hielt der Abt diesen Rhythmus aber durchaus für verlässlich. Knauer teilte die Vorstellung seiner Zeit, dass nämlich die Erde den Mittelpunkt des Universums bilde und von den Planeten, zu denen man damals auch noch Sonne und Mond rechnete, umgeben werde.

So ordnete er jedem einzelnen Jahr dieses siebenjährigen Zyklus einen bestimmten Planeten zu, der das Wetter entsprechend beeinflusst. Daraus ergaben sich sieben verschiedene Planetenjahre, deren meteorologische Merkmale folgende sind:

Im Jahr des Saturn ♄ ist kaltes und feuchtes Wetter gegeben.
Das Jahr des Jupiter ♃ verspricht ein warmes und ebenfalls eher feuchtes Klima.
Das Jahr des Mars ♂ wird heiß und trocken.

Das Wetter nach dem hundertjährigen Kalender

Ein Jahr der Sonne ⊙ wird sich erfahrungsgemäß mittelwarm und trocken entwickeln.

Im Jahr der Venus ♀ ist mit viel Wärme und Feuchtigkeit zu rechnen.

Das Jahr des Merkur ☿ verläuft kalt und trocken.

Im Jahr des Mondes ☽ hat man kaltes und feuchtes Wetter zu erwarten.

Dass ein Planetenjahr vom 21. März eines Kalenderjahres bis zum 20. März des darauf folgenden Kalenderjahres dauert, liegt an der Auffassung Knauers, dass Gott die Welt im Frühling erschaffen habe.

Planetenjahre von 1965 bis 2069

Jahr des Saturn	Jahr des Jupiter	Jahr des Mars	Jahr der Sonne	Jahr der Venus	Jahr des Merkur	Jahr des Mondes
1965	1966	1967	1968	1969	1970	1971
1972	1973	1974	1975	1976	1977	1978
1979	1980	1981	1982	1983	1984	1985
1986	1987	1988	1989	1990	1991	1992
1993	1994	1995	1996	1997	1998	1999
2000	2001	2002	2003	2004	2005	2006
2007	2008	2009	2010	2011	2012	2013
2014	2015	2016	2017	2018	2019	2020
2021	2022	2023	2024	2025	2026	2027
2028	2029	2030	2031	2032	2033	2034
2035	2036	2037	2038	2039	2040	2041
2042	2043	2044	2045	2046	2047	2048
2049	2050	2051	2052	2053	2054	2055
2056	2057	2058	2059	2060	2061	2062
2063	2064	2065	2066	2067	2068	2069

Das Wetter nach dem hundertjährigen Kalender

Das Wetter im Planetenjahr 2023, einem Jahr des Mars, wird nach dem hundertjährigen Kalender gewöhnlich eher trocken als feucht. Auf die milden, schneelosen, aber windigen Jupiter-Wintermonate folgt ein recht kalter und niederschlagsarmer Frühling. Abgelöst wird diese raue Jahreszeit dann von einem sehr heißen und trockenen Sommer. Ein meist kühler und nasser Herbst geht schließlich in einen insgesamt kalten und ziemlich wechselhaften Winter über.

Wetterwechsel bei Neumond

Saturn, Jupiter, Mars, Sonne, Venus, Merkur und Mond beeinflussen nach diesen Vorstellungen aber nicht nur als sogenannte Jahresherrscher das Wetter des Planetenjahres, sondern auch als Tages- und Stundenherrscher das tägliche Klima. Dies wirkt sich vor allem dann aus, wenn der Neumond in der Zeit von etwa zwei bis drei Tagen einen Wetterwechsel nach sich zieht.

Je nachdem, welcher Stundenherrscher beim Eintritt des Neumondes gerade dominant ist, wird die in den folgenden Tagen geschehende Wetteränderung ausgeprägt sein: Findet der Neumondeintritt in einer **Stunde des Saturn** statt, bringt die darauf folgende Wetteränderung Kälte und überwiegend Feuchtigkeit.

Geschieht der Eintritt in einer **Stunde des Jupiter** bzw. in einer **Stunde des Mars**, wird der Monat halb trocken und halb feucht bzw. zur Hälfte trocken und zur Hälfte sehr windig.

Erfolgt der Eintritt in einer **Stunde der Sonne**, wird das Klima im Sommer heiß und trocken, im Winter kalt und trocken.

Ist der Eintritt in einer **Stunde der Venus** gegeben, bedeutet dies im letzten Viertel des Monats Regen – im Winter Schnee.

Bei Neumondeintritt in einer **Stunde des Merkur** entscheidet die Wirkung des Jahresherrschers. Fällt er schließlich in eine **Stunde des Mondes**, wird es windig und regnerisch.

Das Wetter nach dem hundertjährigen Kalender

Wochentag	So	Mo	Di	Mi	Do	Fr	Sa
Tagesregent	☉	☾	♂	☿	♃	♀	♄
Stundenherrscher							
00–01 Uhr	♄	☉	☾	♂	☿	♃	♀
01–02 Uhr	♃	♀	♄	☉	☾	♂	☿
02–03 Uhr	♂	☿	♃	♀	♄	☉	☾
03–04 Uhr	☉	☾	♂	☿	♃	♀	♄
04–05 Uhr	♀	♄	☉	☾	♂	☿	♃
05–06 Uhr	☿	♃	♀	♄	☉	☾	♂
06–07 Uhr	☉	☾	♂	☿	♃	♀	♄
07–08 Uhr	♀	♄	☉	☾	♂	☿	♃
08–09 Uhr	☿	♃	♀	♄	☉	☾	♂
09–10 Uhr	☾	♂	☿	♃	♀	♄	☉
10–11 Uhr	♄	☉	☾	♂	☿	♃	♀
11–12 Uhr	♃	♀	♄	☉	☾	♂	☿
12–13 Uhr	♂	☿	♃	♀	♄	☉	☾
13–14 Uhr	☉	☾	♂	☿	♃	♀	♄
14–15 Uhr	♀	♄	☉	☾	♂	☿	♃
15–16 Uhr	☿	♃	♀	♄	☉	☾	♂
16–17 Uhr	☾	♂	☿	♃	♀	♄	☉
17–18 Uhr	♄	☉	☾	♂	☿	♃	♀
18–19 Uhr	♃	♀	♄	☉	☾	♂	☿
19–20 Uhr	♂	☿	♃	♀	♄	☉	☾
20–21 Uhr	☉	☾	♂	☿	♃	♀	♄
21–22 Uhr	♀	♄	☉	☾	♂	☿	♃
22–23 Uhr	☿	♃	♀	♄	☉	☾	♂
23–24 Uhr	☾	♂	☿	♃	♀	♄	☉

Körperpflege wie Hausarbeit lassen sich effektiver gestalten, wenn man sich mit den Terminen nach dem Mond richtet.

Haarpflege, Fußreflexzonenmassage, Reinigungsarbeiten, Finanzen – für vieles gibt der Mondkalender wertvolle Hinweise.

Zusätzlich in diesem Kalender: Die günstigsten Termine für das Einkochen von Früchten bzw. Fruchtgemüse sind ebenfalls mit Symbolen vermerkt.

Haare schneiden

Die Haare sollten nur an Löwetagen geschnitten werden: Falls dies bei abnehmendem Mond geschieht, kann sich die Haarstruktur wesentlich verbessern, und falls sie bei zunehmendem Mond geschnitten werden, dann wachsen die Haare schneller nach.

Auch ein guter Termin für den Haarschnitt ist ein Vollmondtag im Löwen.

Fettiges und schuppiges Haar verschwindet zusehends, auch der Haarausfall verlangsamt sich erheblich, wenn die Haarpflege regelmäßig an Löwetagen vorgenommen wird.

Es gibt schon wieder viele Friseure, die dieses Wissen aufgreifen und ihr Geschäft an solchen Tagen länger geöffnet haben.

Früher sind die Menschen überhaupt nur an diesen Tagen zum Friseur gegangen.

Ungünstig ist das Haareschneiden und Frisieren an Fische- und Krebstagen. Wenn möglich, sollte man die Haare an diesen Tagen auch nicht waschen.

Dauerwelle legen

 Jungfrautage sind besonders für das Legen von Dauerwellen geeignet, da diese dann viel schöner und auch deutlich haltbarer werden.

Fußreflexzonenmassage

 Für die Fußreflexzonenmassage sind Fischetage besonders geeignet. An diesen Tagen entfaltet das beliebte Naturheilverfahren seine volle Wirksamkeit.

Haut- und Nagelpflege

 Für die Hautreinigung eignet sich am besten ein Steinbocktag bei abnehmendem Mond. Das gilt auch für die Behandlung von Pickeln, Mitessern oder Warzen. Für Maßnahmen zur Hauternährung ist der zunehmende Mond allerdings besser geeignet. Auch für die Nagelpflege sollte ein Steinbocktag gewählt werden. Die Nägel bleiben widerstandsfähig und brechen nicht so leicht ab. Kürzt man die Nägel bei abnehmendem Mond, wachsen sie nicht so schnell nach.

Früchte einkochen

 Die besten Termine für das Einkochen von Früchten bzw. Fruchtgemüse sind Feuertage (Widder, Löwe, Schütze) bei zunehmendem Mond. Die Konserve wird dann besonders aromatisch und hält sich lange.

Hausputz

 Der günstigste Termin für umfangreichere Reinigungsarbeiten ist ein Lufttag (Zwillinge, Waage, Wassermann), aber unbedingt bei abnehmendem Mond.

Waschtag

 Wer an einem Wassertag (Krebs, Skorpion, Fische) bei abnehmendem Mond wäscht, wird feststellen, dass die Wäsche sauberer wird und man gleichzeitig mit weniger Waschmittel auskommt.

Geldangelegenheiten

Geldanlagen, Kaufverträge oder Kreditangelegenheiten regelt man am besten an einem Erdtag bei zunehmendem Mond.

Harmonie in der Partnerschaft

An Stier-, Waage- und Fischetagen kann man sich ganz besonders gut in den Partner hineinfühlen, sich mit ihm intensiv beschäftigen und es sich zu zweit so richtig gemütlich machen – mit einem guten Essen, einem romantischen Film, einem langen Gespräch.

Die Waagetage sind auch gut geeignet für den gemeinsamen Besuch einer kulturellen Veranstaltung oder für die Pflege von Freundschaften, z. B. für einen Spieleabend im kleinen Kreis.

Verreisen

Den Beginn einer Urlaubs- oder Geschäftsreise sollte man am besten auf einen Widder-, Zwillinge-, Schütze- oder Wassermanntag bei abnehmendem Mond legen. An diesen Tagen kann man besonders viele neue Eindrücke gut verarbeiten, und man geht auch gerne mit fremden Menschen um.

Garten und Landwirtschaft

Viele bewährte Regeln für den Gartenbau und die Landwirtschaft leiten sich aus den Einflüssen des Mondes und der Sternbilder des Tierkreises ab.

Es lohnt sich, diese Regeln genau zu kennen und sie auch anzuwenden, besonders dann, wenn man die Balkonpflanzen, den Garten oder das Feld auf naturnahe Weise bearbeiten möchte und dabei gesunde Pflanzen sowie gute Erträge bekommen will.

Garten und Landwirtschaft

Mondphasen und Pflanzenwachstum

Als Grundregeln sollte man sich merken:

Bei abnehmendem Mond und Neumond fließen die Nährstoffe stärker zu den Wurzeln. Deshalb wird alles in die Erde Wachsende bei abnehmendem Mond gesät oder gepflanzt.

Bei zunehmendem Mond steigen die Säfte nach oben. Deshalb wird jetzt alles oberirdisch Wachsende gesät oder gepflanzt.

Wie aus der Tabelle auf Seite 14 hervorgeht, werden jedem Tierkreiszeichen ein bestimmtes Element und ein bestimmter Pflanzenteil zugeordnet. Für die praktische Anwendung bedeutet das:

 Fruchttage (Element Feuer) – diese Tage eignen sich besonders für den Anbau von Früchten.

 Wurzeltage (Element Erde) – alles unterirdisch wachsende Gemüse wird am besten jetzt gepflanzt.

 Blütentage (Element Luft) – sie sind gut geeignet für alles, was blüht und rankt.

 Blatttage (Element Wasser) – sie sind günstig für den Anbau aller Salatarten.

Die im Kalender verwendeten Symbole

Gehölze schneiden

 Die günstigsten Termine, um im Garten Bäume und Sträucher zurückzuschneiden, sind bei Neumond sowie bei abnehmendem Mond in den Tierkreiszeichen Löwe und Steinbock. Im Juni und Juli sollte man den Pflanzen aber eine Pause gönnen.

Pflanzen gießen (wässern)

Der Mond sollte dazu in einem Wasserzeichen (Krebs, Skorpion, Fische) stehen. Das Wasser wird an diesen Tagen viel besser aufgenommen und hält länger vor. Übrigens: Pflanzen sollten niemals an Lufttagen (Zwillinge, Waage, Wassermann) gegossen bzw. bewässert werden, weil sich sonst leicht Schädlinge breitmachen.

Kompost an- und umsetzen

Beim Kompostieren entsteht aus pflanzlichen und anderen Abfällen durch die Tätigkeit unzähliger Klein- und Kleinstlebewesen wieder wertvolle Humuserde, die dann als natürlicher Dünger zur Verfügung steht. Man setzt den Kompost am besten an Erdtagen (Stier, Jungfrau, Steinbock) bei abnehmendem Mond an bzw. um.

Tomaten und Fruchtpflanzen setzen

Die günstigsten Zeiten für den Anbau von Tomaten sind Tage, an denen der Mond in einem Feuerzeichen (Widder, Löwe, Schütze) steht. Das sind übrigens auch die besten Termine, um Gurken, Kürbisse, Zucchini, Erbsen, Bohnen und andere Früchte anzubauen, die dann die Hitze besser aushalten. Man sollte sie stets bei zunehmendem Mond pflanzen.

Wurzelgemüse setzen

Wurzelgemüse – Karotten, rote Rüben, Zwiebeln, Kartoffeln u. a. – pflanzt oder legt man am besten an einem Wurzeltag (Stier, Jungfrau, Steinbock) bei abnehmendem Mond. Besonders günstig: Radieschen, Rettich an einem Stiertag; Rüben, Schwarzwurzel, Sellerie an einem Steinbocktag.

Ab September werden gewisse Wurzelgemüse (wie Karotten oder Sellerie) dann eingewintert.

Garten und Landwirtschaft

Salat säen, setzen

Die besten Tage, um Kopfsalat und vergleichbare Blattgemüse wie Wirsing und Eissalat sowie alle Kohlsorten zu säen bzw. zu pflanzen, sind bei abnehmendem Mond. Und zwar dann, wenn dieser in einem Wasserzeichen (Krebs, Skorpion, Fische) steht.

Blumenkohl säen, setzen

Auch Blumenkohl und verwandte Blattgemüse (wie Spinat, Endivie und Fenchel) sät oder setzt man an Wassertagen (Krebs, Skorpion, Fische). Wichtig dabei ist aber, dass der Mond gerade zunimmt.

Brokkoli säen, setzen

Dieses beliebte Gemüse sollte unbedingt bei zunehmendem Mond an einem Blütentag (Zwillinge, Waage, Wassermann) gesät oder gesetzt werden.

Kartoffeln legen

Kartoffeln legt man am besten bei abnehmendem Mond an Wurzeltagen, wenn er also in Stier, Jungfrau oder Steinbock steht. Die allergünstigsten Tage dafür sind gleich nach Vollmond.

Hülsenfrüchte legen

Für Bohnen und Erbsen sind die Tage, an denen der zunehmende Mond in einem Feuerzeichen (Widder, Löwe, Schütze) steht, erfahrungsgemäß die günstigsten Anbautermine.
Bohnen kann man auch legen, wenn der Vollmond im Krebs steht, Erbsen auch einen Tag nach Neumond.

29

Garten und Landwirtschaft

Getreide anbauen

Die besten Tage, um Getreide aller Art anzubauen, sind Fruchttage (Widder, Löwe, Schütze) in der Phase des zunehmenden Mondes.

Blumen säen, setzen

Die Luftzeichen (Zwillinge, Waage, Wassermann) wirken besonders auf alles, was blüht und rankt. Blumen und alle rankenden Blütenpflanzen werden gesät oder gepflanzt, wenn der zunehmende Mond in einem dieser Zeichen steht. Ab September können dann frühlingsblühende Zwiebelblumen gesetzt und ab November Kaltkeimer gesät werden.

Blumen umtopfen

Zimmer-, Balkon- und Kübelpflanzen werden am besten an Jungfrautagen umgetopft. Im Zeitraum von September bis November geschieht dies vorzugsweise bei abnehmendem Mond, von März bis Mai dann möglichst bei zunehmendem Mond. Geranien sollten Sie aber immer nur im Herbst umtopfen.

Ableger oder Stecklinge setzen

Diese für den Garten wichtigen Arbeiten erledigt man am besten, wenn der abnehmende Mond im Sternzeichen Jungfrau steht.

Unkraut jäten

Die günstigsten Termine für diese unerlässliche Gartenarbeit sind Steinbocktage bei abnehmendem und Wassermanntage bei zunehmendem Mond. Der Garten bleibt dann recht lange unkrautfrei.

Garten und Landwirtschaft

Rasen mähen

Rasen mäht man am besten an Wassertagen (Krebs, Skorpion, Fische), in der Zeit des zunehmenden Mondes. Dann kann man davon ausgehen, dass der Rasen rasch wieder nachwächst.

Übrigens: Für das Schneiden von Hecken und Sträuchern eignen sich Steinbocktage bei abnehmendem Mond. Sie wachsen dann langsam wieder nach.

Pilze sammeln

Speisepilze sammelt man am besten an Erdtagen (Mond in Stier, Jungfrau oder Steinbock).

Natürlich muss man dabei auf die Witterung achten, denn Pilze benötigen Wärme und Feuchtigkeit zum Wachsen.

Christbäume schneiden

Tannen und Fichten behalten ihre Nadeln besonders lange (manchmal sogar jahrelang), wenn sie drei Tage vor dem elften Vollmond des Jahres gefällt werden. Bis Weihnachten müssen sie dann kühl gelagert werden.

Besonderheit der Heyne/Ludwig-Mondkalender

Als Beurteilungskriterium dafür, von welchem Sternzeichen ein Tag dominiert wird (ob z. B. der 7. Juni noch ein Steinbock- oder schon ein Wassermanntag ist), gilt für uns nicht das Tierkreiszeichen, in dem der Mond zu Tagesbeginn steht, sondern das Zeichen, in dem er an diesem Tag die längste Zeit verbringt.

Sie können außerdem diesem Kalender die genauen Uhrzeiten des Mondstandes im Tierkreis entnehmen!

31

Günstige Aussaattermine

Pflanze	Mondphase	Element
Auberginen	Zunehmend	Feuer/Frucht
Beerenobst	Zunehmend	Feuer/Frucht
Blattkräuter	Zunehmend	Wasser/Blatt
Blütenstauden	Zunehmend	Luft/Blüte
Blumenkohl	Zunehmend	Wasser/Blatt
Bohnen	Zunehmend	Feuer/Frucht
Brokkoli	Zunehmend	Luft/Blüte
Endivien	Zunehmend	Wasser/Blatt
Erbsen	Zunehmend	Feuer/Frucht
Fenchel	Zunehmend	Wasser/Blatt
Erdbeeren	Zunehmend	Feuer/Frucht
Futterpflanzen	Zunehmend	Wasser/Blatt
Gartenblumen	Zunehmend	Luft/Blüte
Getreide	Zunehmend	Feuer/Frucht
Gurken	Zunehmend	Feuer/Frucht
Kartoffeln	Abnehmend	Erde/Wurzel
Knoblauch	Abnehmend	Erde/Wurzel
Kohl	Abnehmend	Wasser/Blatt
Kohlrabi	Zunehmend	Wasser/Blatt
Kürbis	Zunehmend	Feuer/Frucht
Lauch	Abnehmend	Erde/Wurzel
Linsen	Zunehmend	Feuer/Frucht

Günstige Aussaattermine

Pflanze	Mondphase	Element
Mais	Zunehmend	Feuer/Frucht
Mangold	Zunehmend	Wasser/Blatt
Meerrettich	Abnehmend	Erde/Wurzel
Möhren	Abnehmend	Erde/Wurzel
Paprika	Zunehmend	Feuer/Frucht
Pastinaken	Abnehmend	Erde/Wurzel
Petersilie	Zunehmend	Wasser/Blatt
Radieschen	Abnehmend	Erde/Wurzel
Raps	Zunehmend	Feuer/Frucht
Rettich	Abnehmend	Erde/Wurzel
Rote Bete	Abnehmend	Erde/Wurzel
Salat	Abnehmend	Wasser/Blatt
Schwarzwurzel	Abnehmend	Erde/Wurzel
Sellerie	Abnehmend	Erde/Wurzel
Sonnenblumen	Zunehmend	Feuer/Frucht
Spargel	Abnehmend	Wasser/Blatt
Spinat	Zunehmend	Wasser/Blatt
Tomaten	Zunehmend	Feuer/Frucht
Wurzelpetersilie	Abnehmend	Erde/Wurzel
Zucchini	Zunehmend	Feuer/Frucht
Zuckerrüben	Abnehmend	Erde/Wurzel
Zwiebeln	Abnehmend	Erde/Wurzel

Die Lebenskraft der Bäume

Wenn Sie Kummer haben, unter Depressionen leiden,
dann gehen Sie doch einmal in einen Park oder einen Wald.
Lehnen Sie sich für einige Minuten an den
Stamm eines Baumes, reden Sie mit dem Baum, und fühlen
Sie mit ihm. Dann werden die Kräfte des Baumes
auf Sie übergehen, und große Ruhe wird Sie erfüllen.
Man sollte nie an einem Baum vorübergehen, ohne ihn
zu grüßen, denn die Seele in ihm ist voller Wissen um
die Welt, und seine Kraft lässt Körper und Seele genesen.
Man weiß schon lange, dass die Blüten, die Rinde und
die Wurzeln von Bäumen heilende Eigenschaften besitzen.
So hilft z. B. Lindenblütentee bei Erkältungen,
der Extrakt der Rosskastanie gegen Venenleiden
und der Saft der Birke gegen Haarausfall.

So wirken die Bäume

Ahorn
schafft Linderung bei Hautausschlägen;
wirkt beruhigend bei Hast, Erregung und nervöser Unruhe.

Apfelbaum
hilft bei Geschwüren und Verhärtungen der Haut.

Birke
hat eine heilende Wirkung auf Gicht und Rheumatismus;
spendet Ruhe und Entspannung.

Buche
stärkt Galle, Leber und Nerven;
verschafft Erfrischung, Anregung und Klarheit der Gedanken.

Die Lebenskraft der Bäume

Eiche
stabilisiert Kreislauf und Blutdruck;
vermittelt Kraft und Ausdauer.
Die Eiche ist ein Baum, bei dem man »auftanken« kann.

Erle
hilft bei Müdigkeit und Abgespanntheit;
wirkt aktivierend, erfrischend und aufbauend.

Esche
stärkt den gesamten Organismus. Als Weltenbaum
vermag die Esche viele seelische Probleme zu erkennen.

Fichte und Tanne
lindern Lungenkrankheiten;
wirken nervenstärkend, beruhigend und kühlend.

Kastanie
hilft Venenleiden heilen;
verbessert die Willensstärke.

Kiefer
hilft bei Melancholie;
heitert auf und stärkt das Selbstbewusstsein.

Linde
stärkt das Herz;
trägt zur Beruhigung und inneren Sammlung bei.

Weide
unterstützt die innere Erneuerung und Reinigung.

Kleines Abc der Mondheilkräuter

Name	Beschwerden	Sammel- und Anwendungstage
Akelei	Infektionen im Kopfbereich, Herpes, Schluckbeschwerden	Widder
Baldrian	Nervosität, Magen- und Darmkrämpfe, Schlafstörungen	Krebs, Löwe, Jungfrau
Basilikum	Bronchitis, grippaler Infekt	Stier, Krebs
Beifuß	Magen- und Darmbeschwerden	Krebs, Jungfrau
Brennnessel	Nieren- und Blasenleiden, Gicht, Rheuma, Hauterkrankungen	Löwe, Waage, Steinbock
Dill	Gicht, Blähungen, Magenbeschwerden	Zwillinge, Krebs, Steinbock
Fenchel	Magen- und Darmbeschwerden	Stier, Krebs, Jungfrau

Kleines Abc der Mondheilkräuter

Name	Beschwerden	Sammel- und Anwendungstage
Kamille	Nervöser Magen, Unruhe; zur Wunddesinfektion	Krebs, Steinbock
Knoblauch	Erkrankungen der Atemwege, Gicht, Rheuma, Leber- und Gallenleiden	Zwillinge, Krebs, Steinbock
Liebstöckel	Schilddrüsenschwellungen, Blähungen	Stier, Jungfrau, Wassermann
Melisse	Müdigkeit, Depressionen	Löwe
Ringelblume	Magenbeschwerden	Krebs, Steinbock
Salbei	Blasen-, Gallen-, Leberbeschwerden	Stier, Krebs, Waage
Schafgarbe	Menstruationsbeschwerden	Löwe, Skorpion
Ysop	Steinleiden; zur Blutreinigung	Krebs, Löwe, Waage

Wetterregeln

Hat einen Hof der Mann im Mond,
bleibst du vor Regen (Schnee) verschont.
Wenn der Mond hat aber einen Ring,
folgt der Regen (Schnee) allerding'.

Bei Vollmond sind die Nächte kalt.

Gewitter in der Vollmondzeit
verkünden Regen lang und breit.

Bei Mondauf- bzw. Monduntergang
legen sich die Stürme.

Geht ein großer, roter Mond zwischen
Wolken auf, kann man einen halben Tag
später mit Regen rechnen.

Gleich nach Voll- oder Neumond
folgen die stärksten Niederschläge.

Dunst unter dem Halbmond ist ein Zeichen
für aufkommenden oder auflebenden Wind.

Steht der Mond in einem Ring,
so stehen stürmische Tage bevor.
Die Zahl der Sterne innerhalb des Rings
entspricht der Zahl der
Tage bis zum Eintritt des Unwetters.

Bei kleinem Mond und Nebel gibt es
bald Wind aus östlichen Richtungen.

Wetterregeln

Seht ihr den Neumond hell und rein,
so wird gutes Wetter sein. Ist selbiger aber sehr rot,
so ist er vielen Windes Brot.

Findet der Mondwechsel morgens statt,
kann man mit Regen rechnen.

Ist der untere Teil der zunehmenden
Mondsichel nur undeutlich zu erkennen,
muss man noch vor Vollmond
mit stürmischem und niederschlagsreichem
Wetter rechnen.

Ist dagegen der obere Teil der Mondsichel
blass, beginnen die Stürme erst,
wenn der Mond wieder abnimmt.

Wenn am Neumond ein Schneesturm beginnt,
endet er mit der ersten Mondsichel.

Steht der Halbmond bei Nordwind
aufrecht, ist in der Folge mit stürmischen
Westwinden zu rechnen, die bis zum
Monatsende wehen.

Bei abnehmendem Mond lässt
ein bewölkter Morgen
auf einen schönen Nachmittag hoffen.

Gibt es in einem Monat zweimal Vollmond,
droht eine Überschwemmung.

26 00.00 24.00

Montag   2. Weihnachtstag
Unterschenkel, Venen   *Fett*

---

27 00.00 08.35   08.35 24.00

Dienstag
Füße, Zehen   *Kohlenhydrate*

---

28 00.00 24.00

Mittwoch
Füße, Zehen   *Kohlenhydrate*

---

29 00.00 11.37   11.37 24.00

Donnerstag
Kopf, Gesicht   *Eiweiß*

---

30 00.00 24.00

Freitag
Kopf, Gesicht   *Eiweiß*

---

31 00.00 18.10   18.10 24.00

Samstag   Silvester
Kopf, Gesicht   *Eiweiß*

---

1 00.00 24.00

Sonntag   Neujahr
Kiefer, Hals, Nacken   *Salz*

02.22

2 00.00 / 24.00

Montag Hl. Basilius
Kiefer, Hals, Nacken   *Salz*

3 00.00 / 03.45 03.45 / 24.00

Dienstag
Schultern, Arme, Hände   *Fett*

4 00.00 / 24.00

Mittwoch
Schultern, Arme, Hände   *Fett*

5 00.00 / 15.16 15.16 / 24.00

Donnerstag
Schultern, Arme, Hände   *Fett*

6 00.00 / 24.00

Freitag Heilige Drei Könige
Magen, Lunge, Galle, Leber   *Kohlenhydrate*

7 00.00 / 24.00

Samstag
Magen, Lunge, Galle, Leber   *Kohlenhydrate*

8 00.00 / 03.41 03.41 / 24.00

Sonntag
Herz, Kreislauf, Blutdruck   *Eiweiß*

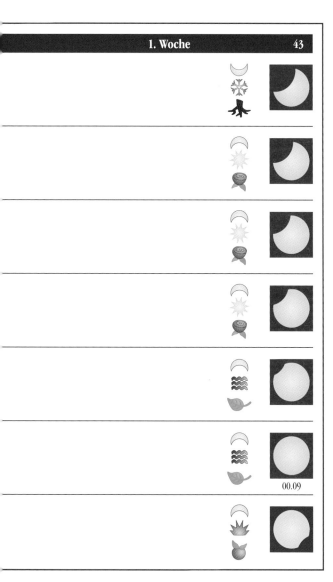

9 00.00 24.00
Montag
Herz, Kreislauf, Blutdruck *Eiweiß*

10 00.00 16.16 16.16 24.00
Dienstag
Herz, Kreislauf, Blutdruck *Eiweiß*

11 00.00 24.00
Mittwoch
Stoffwechsel, Verdauung *Salz*

12 00.00 24.00
Donnerstag
Stoffwechsel, Verdauung *Salz*

13 00.00 03.58 03.58 24.00
Freitag
Hüfte, Nieren, Blase *Fett*

14 00.00 24.00
Samstag
Hüfte, Nieren, Blase *Fett*

15 00.00 13.09 13.09 24.00
Sonntag
Hüfte, Nieren, Blase *Fett*

03.11

16
 00.00
24.00

Montag
Sexualorgane, Harnleiter *Kohlenhydrate*

17
 00.00
18.34

 18.34
24.00

Dienstag   Hl. Antonius
Sexualorgane, Harnleiter *Kohlenhydrate*

18
 00.00
24.00

Mittwoch
Oberschenkel, Venen *Eiweiß*

19
 00.00
20.13

 20.13
24.00

Donnerstag
Oberschenkel, Venen *Eiweiß*

20
 00.00
24.00

Freitag   Hl. Fabian, Hl. Sebastian
Knie, Haut, Knochen *Salz*

21
 00.00
19.30

 19.30
24.00

Samstag
Knie, Haut, Knochen *Salz*

22
 00.00
24.00

Sonntag
Unterschenkel, Venen *Fett*

21.54

23 00.00 / 18.37   18.37 / 24.00

Montag
Unterschenkel, Venen   *Fett*

24 00.00 / 24.00

Dienstag
Füße, Zehen   *Kohlenhydrate*

25 00.00 / 19.49   19.49 / 24.00

Mittwoch
Füße, Zehen   *Kohlenhydrate*

26 00.00 / 24.00

Donnerstag
Kopf, Gesicht   *Eiweiß*

27 00.00 / 24.00

Freitag
Kopf, Gesicht   *Eiweiß*

28 00.00 / 00.44   00.44 / 24.00

Samstag
Kiefer, Hals, Nacken   *Salz*

29 00.00 / 24.00

Sonntag
Kiefer, Hals, Nacken   *Salz*

16.20

30
 00.00 / 09.36 09.36 / 24.00
Montag
Schultern, Arme, Hände *Fett*

31
 00.00 / 24.00
Dienstag
Schultern, Arme, Hände *Fett*

1
 00.00 / 21.13   21.13 / 24.00
Mittwoch
Schultern, Arme, Hände *Fett*

2
 00.00 / 24.00
Donnerstag Mariä Lichtmess
Magen, Lunge, Galle, Leber *Kohlenhydrate*

3
 00.00 / 24.00
Freitag   Hl. Blasius
Magen, Lunge, Galle, Leber *Kohlenhydrate*

4
 00.00 / 09.50 09.50 / 24.00
Samstag
Herz, Kreislauf, Blutdruck *Eiweiß*

5
 00.00 / 24.00
Sonntag
Herz, Kreislauf, Blutdruck *Eiweiß*

19.30

6 00.00 / 22.15   22.15 / 24.00

Montag Hl. Dorothea
Herz, Kreislauf, Blutdruck   *Eiweiß*

7 00.00 / 24.00

Dienstag
Stoffwechsel, Verdauung   *Salz*

8 00.00 / 24.00

Mittwoch
Stoffwechsel, Verdauung   *Salz*

9 00.00 / 09.48   09.48 / 24.00

Donnerstag
Hüfte, Nieren, Blase   *Fett*

10 00.00 / 24.00

Freitag
Hüfte, Nieren, Blase   *Fett*

11 00.00 / 19.36   19.36 / 24.00

Samstag
Hüfte, Nieren, Blase   *Fett*

12 00.00 / 24.00

Sonntag
Sexualorgane, Harnleiter   *Kohlenhydrate*

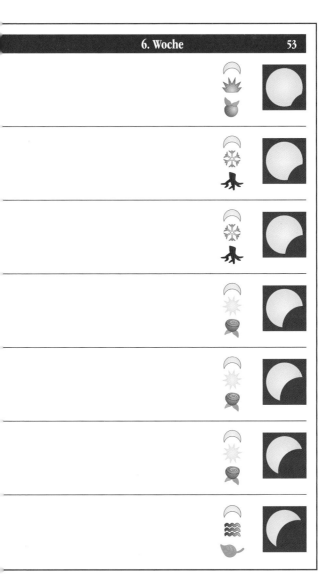

13

00.00
24.00

Montag
Sexualorgane, Harnleiter   *Kohlenhydrate*

14

00.00
02.32

02.32
24.00

Dienstag   Valentinstag
Oberschenkel, Venen   *Eiweiß*

15

00.00
24.00

Mittwoch
Oberschenkel, Venen   *Eiweiß*

16

00.00
06.01

06.01
24.00

Donnerstag
Knie, Haut, Knochen   *Salz*

17

00.00
24.00

Freitag
Knie, Haut, Knochen   *Salz*

18

00.00
06.36
06.36
24.00

Samstag
Unterschenkel, Venen   *Fett*

19

00.00
24.00

Sonntag
Unterschenkel, Venen   *Fett*

17.02

20 00.00 / 05.57 05.57 / 24.00

Montag Rosenmontag
Füße, Zehen *Kohlenhydrate*

21 00.00 / 24.00

Dienstag Fastnacht
Füße, Zehen *Kohlenhydrate*

22 00.00 / 06.15 06.15 / 24.00

Mittwoch Aschermittwoch
Kopf, Gesicht *Eiweiß*

23 00.00 / 24.00

Donnerstag
Kopf, Gesicht *Eiweiß*

24 00.00 / 09.30 09.30 / 24.00

Freitag Hl. Matthias
Kiefer, Hals, Nacken *Salz*

25 00.00 / 24.00

Samstag
Kiefer, Hals, Nacken *Salz*

26 00.00 / 16.49 16.49 / 24.00

Sonntag
Kiefer, Hals, Nacken *Salz*

08.07

27
00.00
24.00

Montag
Schultern, Arme, Hände   *Fett*

28
00.00
24.00

Dienstag
Schultern, Arme, Hände   *Fett*

1
00.00   03.41
03.41   24.00

Mittwoch
Magen, Lunge, Galle, Leber   *Kohlenhydrate*

2
00.00
24.00

Donnerstag
Magen, Lunge, Galle, Leber   *Kohlenhydrate*

3
00.00   16.17
16.17   24.00

Freitag   Hl. Kunigunde
Magen, Lunge, Galle, Leber   *Kohlenhydrate*

4
00.00
24.00

Samstag
Herz, Kreislauf, Blutdruck   *Eiweiß*

5
00.00
24.00

Sonntag
Herz, Kreislauf, Blutdruck   *Eiweiß*

09.07

6 00.00 / 04.40   04.40 / 24.00
Montag
Stoffwechsel, Verdauung *Salz*

7 00.00 / 24.00
Dienstag
Stoffwechsel, Verdauung *Salz*

8 00.00 / 15.45   15.45 / 24.00
Mittwoch **Internationaler Frauentag**
Stoffwechsel, Verdauung *Salz*

9 00.00 / 24.00
Donnerstag
Hüfte, Nieren, Blase *Fett*

10 00.00 / 24.00
Freitag
Hüfte, Nieren, Blase *Fett*

11 00.00 / 01.07   01.07 / 24.00
Samstag
Sexualorgane, Harnleiter *Kohlenhydrate*

12 00.00 / 24.00
Sonntag
Sexualorgane, Harnleiter *Kohlenhydrate*

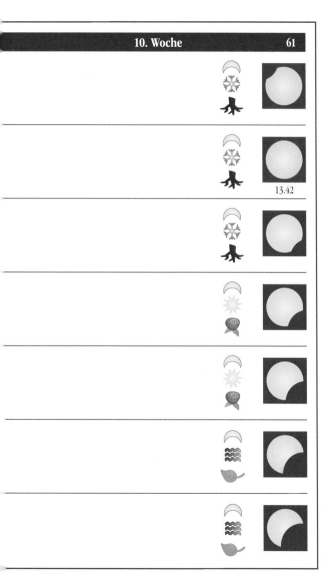

13.42

13 00.00 / 08.22 08.22 / 24.00
Montag
Oberschenkel, Venen *Eiweiß*

14 00.00 / 24.00
Dienstag
Oberschenkel, Venen *Eiweiß*

15 00.00 / 13.07 13.07 / 24.00
Mittwoch
Oberschenkel, Venen *Eiweiß*

16 00.00 / 24.00
Donnerstag
Knie, Haut, Knochen *Salz*

17 00.00 / 15.26  15.26 / 24.00
Freitag   Hl. Gertrud
Knie, Haut, Knochen *Salz*

18 00.00 / 24.00
Samstag
Unterschenkel, Venen *Fett*

19 00.00 / 16.13 16.13 / 24.00
Sonntag   Josefitag
Unterschenkel, Venen *Fett*

03.09

20
 00.00
24.00

Montag   Frühlingsanfang
Füße, Zehen   *Kohlenhydrate*

21
 00.00
17.02
 17.02
24.00

Dienstag
Füße, Zehen   *Kohlenhydrate*

22
 00.00
24.00

Mittwoch
Kopf, Gesicht   *Eiweiß*

23
 00.00
19.43
 19.43
24.00

Donnerstag
Kopf, Gesicht   *Eiweiß*

24
 00.00
24.00

Freitag
Kiefer, Hals, Nacken   *Salz*

25
 00.00
24.00

Samstag   Mariä Verkündigung
Kiefer, Hals, Nacken   *Salz*

26
 00.00
01.43
 01.43
24.00
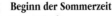

Sonntag   Beginn der Sommerzeit
Schultern, Arme, Hände   *Fett*

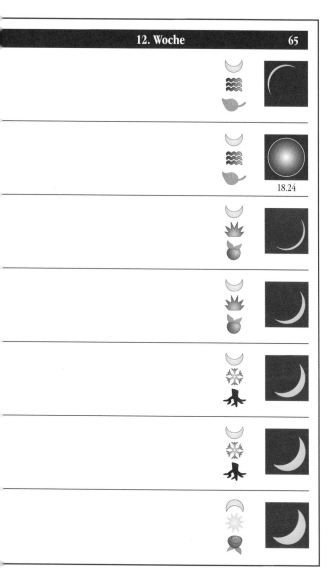

18.24

27 00.00
24.00

Montag
Schultern, Arme, Hände   *Fett*

28 00.00
12.23   12.23
24.00

Dienstag
Schultern, Arme, Hände   *Fett*

29 00.00
24.00

Mittwoch
Magen, Lunge, Galle, Leber   *Kohlenhydrate*

30 00.00
24.00

Donnerstag
Magen, Lunge, Galle, Leber   *Kohlenhydrate*

31 00.00
00.32   00.32
24.00

Freitag
Herz, Kreislauf, Blutdruck   *Eiweiß*

1 00.00
24.00

Samstag
Herz, Kreislauf, Blutdruck   *Eiweiß*

2 00.00
12.58   12.58
24.00

Sonntag   **Palmsonntag**
Herz, Kreislauf, Blutdruck   *Eiweiß*

04.34

3 Montag

 00.00 / 24.00

Stoffwechsel, Verdauung   *Salz*

4 Dienstag

 00.00 / 23.52   23.52 / 24.00

Stoffwechsel, Verdauung   *Salz*

5 Mittwoch

 00.00 / 24.00

Hüfte, Nieren, Blase   *Fett*

6 Donnerstag Gründonnerstag

 00.00 / 24.00

Hüfte, Nieren, Blase   *Fett*

7 Freitag Karfreitag

 00.00 / 08.30   08.30 / 24.00

Sexualorgane, Harnleiter   *Kohlenhydrate*

8 Samstag

 00.00 / 24.00

Sexualorgane, Harnleiter   *Kohlenhydrate*

9 Sonntag Ostersonntag

 00.00 / 14.58   14.58 / 24.00

Sexualorgane, Harnleiter   *Kohlenhydrate*

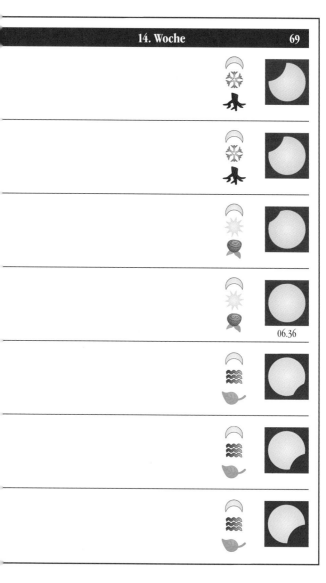

06.36

10 00.00
24.00

Montag   Ostermontag
Oberschenkel, Venen   *Eiweiß*

11 00.00
19.34   19.34
24.00

Dienstag
Oberschenkel, Venen   *Eiweiß*

12 00.00
24.00

Mittwoch
Knie, Haut, Knochen   *Salz*

13 00.00
22.43    22.43
24.00

Donnerstag
Knie, Haut, Knochen   *Salz*

14 00.00
24.00

Freitag
Unterschenkel, Venen   *Fett*

15 00.00
24.00

Samstag
Unterschenkel, Venen   *Fett*

16 00.00
00.58   00.58
24.00

Sonntag
Füße, Zehen   *Kohlenhydrate*

11.13

17   00.00
24.00

Montag
Füße, Zehen   *Kohlenhydrate*

18 00.00
03.10   03.10
24.00

Dienstag
Kopf, Gesicht   *Eiweiß*

19 00.00
24.00

Mittwoch
Kopf, Gesicht   *Eiweiß*

20 00.00
06.31   06.31
24.00

Donnerstag
Kiefer, Hals, Nacken   *Salz*

21 00.00
24.00

Freitag
Kiefer, Hals, Nacken   *Salz*

22 00.00
12.12   12.12
24.00

Samstag
Kiefer, Hals, Nacken   *Salz*

23 00.00
24.00

Sonntag   **Welttag des Buches**
Schultern, Arme, Hände   *Fett*

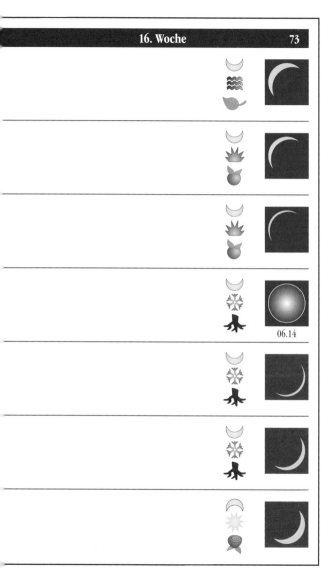

06.14

24
 00.00 21.00   21.00 24.00
Montag
Schultern, Arme, Hände   *Fett*

25
 00.00 24.00
Dienstag   Hl. Markus
Magen, Lunge, Galle, Leber   Kohlenhydrate

26
 00.00 24.00
Mittwoch
Magen, Lunge, Galle, Leber   Kohlenhydrate

27
 00.00 08.31    08.31 24.00 
Donnerstag
Herz, Kreislauf, Blutdruck   Eiweiß

28
 00.00 24.00 
Freitag
Herz, Kreislauf, Blutdruck   Eiweiß

29
 00.00 21.00   21.00 24.00 
Samstag
Herz, Kreislauf, Blutdruck   Eiweiß

30
 00.00 24.00
Sonntag   Walpurgisnacht
Stoffwechsel, Verdauung   Salz

23.21

1   00.00
                         24.00

Montag   Maifeiertag
Stoffwechsel, Verdauung   *Salz*

2   00.00   08.10
                         08.10   24.00

Dienstag
Hüfte, Nieren, Blase   *Fett*

3   00.00
                         24.00

Mittwoch
Hüfte, Nieren, Blase   *Fett*

4   00.00   16.33
                         16.33   24.00

Donnerstag   Hl. Florian
Hüfte, Nieren, Blase   *Fett*

5   00.00
                         24.00

Freitag
Sexualorgane, Harnleiter   *Kohlenhydrate*

6   00.00   22.05
                         22.05   24.00

Samstag
Sexualorgane, Harnleiter   *Kohlenhydrate*

7   00.00
                         24.00

Sonntag
Oberschenkel, Venen   *Eiweiß*

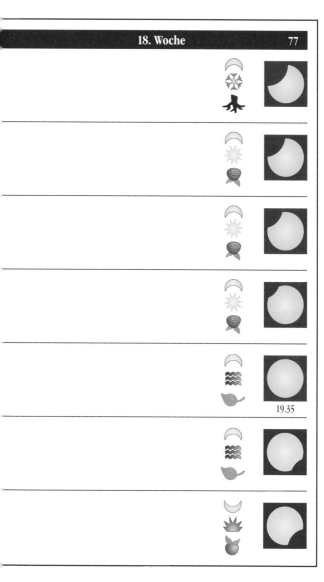

19.35

8 00.00
24.00

Montag
Oberschenkel, Venen   *Eiweiß*

9 00.00
01.34   01.34
24.00

Dienstag Europatag
Knie, Haut, Knochen   *Salz*

10 00.00
24.00

Mittwoch
Knie, Haut, Knochen   *Salz*

11 00.00
04.06   04.06
24.00

Donnerstag Mamertus, Eisheiliger
Unterschenkel, Venen   *Fett*

12 00.00
24.00

Freitag Pankratius, Eisheiliger
Unterschenkel, Venen   *Fett*

13 00.00
06.40   06.40
24.00

Samstag Servatius, Eisheiliger
Füße, Zehen   *Kohlenhydrate*

14 00.00
24.00

Sonntag Bonifatius, Eisheiliger Muttertag
Füße, Zehen   *Kohlenhydrate*

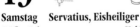
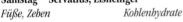

16.29

15 00.00 / 09.57 09.57 / 24.00

Montag   **Sophie, Eisheilige**
Kopf, Gesicht   *Eiweiß*

16 00.00 / 24.00

Dienstag
Kopf, Gesicht   *Eiweiß*

17 00.00 / 14.29  14.29 / 24.00

Mittwoch
Kopf, Gesicht   *Eiweiß*

18 00.00 / 24.00

Donnerstag   **Christi Himmelfahrt**
Kiefer, Hals, Nacken   *Salz*

19 00.00 / 20.49 20.49 / 24.00

Freitag
Kiefer, Hals, Nacken   *Salz*

20 00.00 / 24.00

Samstag
Schultern, Arme, Hände   *Fett*

21 00.00 / 24.00

Sonntag
Schultern, Arme, Hände   *Fett*

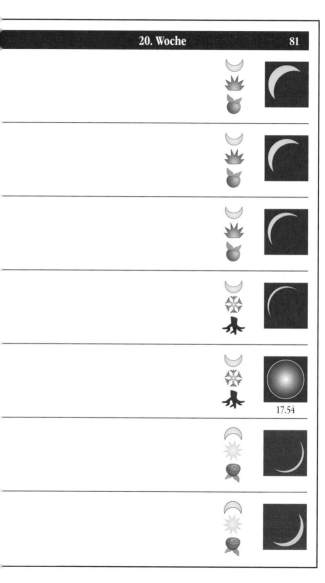

17.54

22 00.00 05.30 05.30 24.00
Montag
Magen, Lunge, Galle, Leber *Kohlenhydrate*

23 00.00 24.00
Dienstag
Magen, Lunge, Galle, Leber *Kohlenhydrate*

24 00.00 16.36 16.36 24.00
Mittwoch
Magen, Lunge, Galle, Leber *Kohlenhydrate*

25 00.00 24.00
Donnerstag
Herz, Kreislauf, Blutdruck *Eiweiß*

26 00.00 24.00
Freitag
Herz, Kreislauf, Blutdruck *Eiweiß*

27 00.00 05.06 05.06 24.00
Samstag
Stoffwechsel, Verdauung *Salz*

28 00.00 24.00
Sonntag **Pfingstsonntag**
Stoffwechsel, Verdauung *Salz*

17.23

29 00.00 / 16.52　 16.52 / 24.00
Montag　Pfingstmontag
Stoffwechsel, Verdauung　　　　　　　*Salz*

30 00.00 / 24.00
Dienstag
Hüfte, Nieren, Blase　　　　　　*Fett*

31 00.00 / 24.00
Mittwoch
Hüfte, Nieren, Blase　　　　　　*Fett*

1 00.00 / 01.46　 01.46 / 24.00
Donnerstag
Sexualorgane, Harnleiter　*Kohlenhydrate*

2 00.00 / 24.00
Freitag
Sexualorgane, Harnleiter　*Kohlenhydrate*

3 00.00 / 07.05　 07.05 / 24.00
Samstag
Oberschenkel, Venen　　　　　*Eiweiß*

4 00.00 / 24.00
Sonntag
Oberschenkel, Venen　　　　　*Eiweiß*

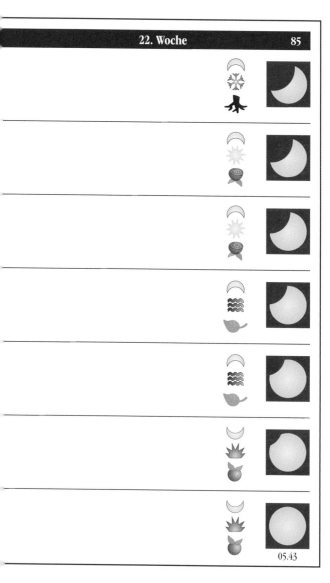

05.43

5 00.00 / 09.32   09.32 / 24.00

Montag   Tag der Umwelt
Knie, Haut, Knochen   *Salz*

6 00.00 / 24.00

Dienstag
Knie, Haut, Knochen   *Salz*

7 00.00 / 10.43   10.43 / 24.00

Mittwoch
Unterschenkel, Venen   *Fett*

8 00.00 / 24.00

Donnerstag   Fronleichnam   **Medardustag**
Unterschenkel, Venen   *Fett*

9 00.00 / 12.15   12.15 / 24.00

Freitag
Unterschenkel, Venen   *Fett*

10 00.00 / 24.00

Samstag
Füße, Zehen   *Kohlenhydrate*

11 00.00 / 15.22   15.22 / 24.00

Sonntag
Füße, Zehen   *Kohlenhydrate*

21.33

12 00.00
24.00

Montag
Kopf, Gesicht   *Eiweiß*

13 00.00
20.32   20.32
24.00

Dienstag
Kopf, Gesicht   *Eiweiß*

14 00.00
24.00

Mittwoch
Kiefer, Hals, Nacken   *Salz*

15 00.00
24.00

Donnerstag
Kiefer, Hals, Nacken   *Salz*

16 00.00
03.47   03.47
24.00

Freitag
Schultern, Arme, Hände   *Fett*

17 00.00
24.00

Samstag
Schultern, Arme, Hände   *Fett*

18 00.00
12.59   12.59
24.00

Sonntag
Schultern, Arme, Hände   *Fett*

06.38

19
 00.00
24.00

Montag
Magen, Lunge, Galle, Leber   Kohlenhydrate

20
 00.00
24.00

Dienstag
Magen, Lunge, Galle, Leber   Kohlenhydrate

21
 00.00
00.05

 00.05
24.00

Mittwoch   Sommeranfang
Herz, Kreislauf, Blutdruck   Eiweiß

22
 00.00
24.00

Donnerstag
Herz, Kreislauf, Blutdruck   Eiweiß

23
 00.00
12.36

 12.36
24.00

Freitag
Herz, Kreislauf, Blutdruck   Eiweiß

24
 00.00
24.00

Samstag   Johannistag
Stoffwechsel, Verdauung   Salz

25
 00.00
24.00

Sonntag
Stoffwechsel, Verdauung   Salz

26
 00.00   00.58
00.58   24.00

Montag
Hüfte, Nieren, Blase   *Fett*

27
 00.00
24.00

Dienstag   **Siebenschläfer**
Hüfte, Nieren, Blase   *Fett*

28
 00.00   10.57
10.57   24.00

Mittwoch
Sexualorgane, Harnleiter   *Kohlenhydrate*

29
 00.00
24.00

Donnerstag   **Peter und Paul**
Sexualorgane, Harnleiter   *Kohlenhydrate*

30
 00.00   17.01
17.01   24.00

Freitag
Sexualorgane, Harnleiter   *Kohlenhydrate*

1
 00.00
24.00

Samstag
Oberschenkel, Venen   *Eiweiß*

2
 00.00   19.21
19.21   24.00

Sonntag
Oberschenkel, Venen   *Eiweiß*

09.51

3 00.00
24.00

Montag **Hl. Thomas**
Knie, Haut, Knochen *Salz*

4 00.00
19.31 19.31
24.00

Dienstag **Hl. Ulrich**
Knie, Haut, Knochen *Salz*

5 00.00
24.00

Mittwoch
Unterschenkel, Venen *Fett*

6 00.00
19.34 19.34
24.00

Donnerstag
Unterschenkel, Venen *Fett*

7 00.00
24.00

Freitag
Füße, Zehen *Kohlenhydrate*

8 00.00
21.20 21.20
24.00

Samstag
Füße, Zehen *Kohlenhydrate*

9 00.00
24.00

Sonntag
Kopf, Gesicht *Eiweiß*

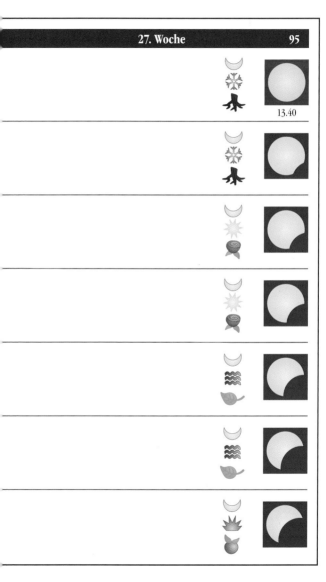

13.40

10 00.00
24.00

Montag
Kopf, Gesicht   *Eiweiß*

11 00.00
01.57  01.57
24.00

Dienstag
Kiefer, Hals, Nacken   *Salz*

12 00.00
24.00

Mittwoch
Kiefer, Hals, Nacken   *Salz*

13 00.00
09.27 09.27
24.00

Donnerstag
Schultern, Arme, Hände   *Fett*

14 00.00
24.00

Freitag
Schultern, Arme, Hände   *Fett*

15 00.00
19.15 19.15
24.00

Samstag
Schultern, Arme, Hände   *Fett*

16 00.00
24.00

Sonntag
Magen, Lunge, Galle, Leber   *Kohlenhydrate*

03.49

17 00.00
24.00

Montag
Magen, Lunge, Galle, Leber   Kohlenhydrate

18 00.00
06.41   06.41
24.00

Dienstag
Herz, Kreislauf, Blutdruck   Eiweiß

19 00.00
24.00

Mittwoch
Herz, Kreislauf, Blutdruck   Eiweiß

20 00.00
19.14    19.14
24.00

Donnerstag   Hl. Margarethe
Herz, Kreislauf, Blutdruck   Eiweiß

21 00.00
24.00

Freitag
Stoffwechsel, Verdauung   Salz

22 00.00
24.00

Samstag   Hl. Magdalena
Stoffwechsel, Verdauung   Salz

23 00.00
07.55   07.55
24.00

Sonntag
Hüfte, Nieren, Blase   Fett

20.33

24

00.00
24.00

Montag

Hüfte, Nieren, Blase   *Fett*

25

00.00
18.57

18.57
24.00

Dienstag   Hl. Jakobus

Hüfte, Nieren, Blase   *Fett*

26

00.00
24.00

Mittwoch

Sexualorgane, Harnleiter   *Kohlenhydrate*

27

00.00
24.00

Donnerstag

Sexualorgane, Harnleiter   *Kohlenhydrate*

28

00.00
02.25

02.25
24.00

Freitag

Oberschenkel, Venen   *Eiweiß*

29

00.00
24.00

Samstag

Oberschenkel, Venen   *Eiweiß*

30

00.00
05.45

05.45
24.00

Sonntag

Knie, Haut, Knochen   *Salz*

31
 00.00
24.00

Montag
Knie, Haut, Knochen   *Salz*

1
 00.00
05.59   05.59
24.00

Dienstag   **Nationalfeiertag der Schweiz**
Unterschenkel, Venen   *Fett*

2
 00.00
24.00

Mittwoch
Unterschenkel, Venen   *Fett*

3
 00.00
05.07   05.07
24.00

Donnerstag
Füße, Zehen   *Kohlenhydrate*

4
 00.00
24.00

Freitag
Füße, Zehen   *Kohlenhydrate*

5
 00.00
05.20   05.20
24.00

Samstag
Kopf, Gesicht   *Eiweiß*

6
 00.00
24.00

Sonntag
Kopf, Gesicht   *Eiweiß*

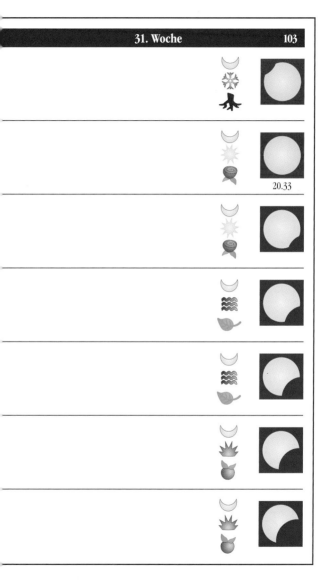

20.33

7 00.00   08.26
08.26   24.00

Montag
Kiefer, Hals, Nacken   *Salz*

8 00.00
24.00

Dienstag
Kiefer, Hals, Nacken   *Salz*

9 00.00    15.06
15.06   24.00

Mittwoch
Kiefer, Hals, Nacken   *Salz*

10 00.00
24.00

Donnerstag Hl. Laurentius
Schultern, Arme, Hände   *Fett*

11 00.00
24.00

Freitag
Schultern, Arme, Hände   *Fett*

12 00.00   00.53
00.53   24.00

Samstag
Magen, Lunge, Galle, Leber   *Kohlenhydrate*

13 00.00
24.00

Sonntag
Magen, Lunge, Galle, Leber   *Kohlenhydrate*

14
 00.00   12.37 12.37   24.00

Montag

Magen, Lunge, Galle, Leber   *Kohlenhydrate*

15
 00.00   24.00

Dienstag   **Mariä Himmelfahrt**

Herz, Kreislauf, Blutdruck   *Eiweiß*

16
 00.00   24.00   

Mittwoch

Herz, Kreislauf, Blutdruck   *Eiweiß*

17
 00.00   01.15 01.15   24.00

Donnerstag

Stoffwechsel, Verdauung   *Salz*

18
 00.00   24.00

Freitag

Stoffwechsel, Verdauung   *Salz*

19
 00.00   13.55 13.55   24.00

Samstag

Stoffwechsel, Verdauung   *Salz*

20
 00.00   24.00

Sonntag

Hüfte, Nieren, Blase   *Fett*

11.39

21
 00.00
24.00

Montag
Hüfte, Nieren, Blase *Fett*

22
 00.00
01.23
 01.23
24.00

Dienstag
Sexualorgane, Harnleiter *Kohlenhydrate*

23
 00.00
24.00

Mittwoch
Sexualorgane, Harnleiter *Kohlenhydrate*

24
 00.00
10.09
 10.09
24.00

Donnerstag Hl. Bartholomäus
Oberschenkel, Venen *Eiweiß*

25
 00.00
24.00

Freitag
Oberschenkel, Venen *Eiweiß*

26
 00.00
15.06
 15.06
24.00

Samstag
Oberschenkel, Venen *Eiweiß*

27
 00.00
24.00

Sonntag
Knie, Haut, Knochen *Salz*

11.58

28
 00.00 16.33   16.33 24.00

Montag
Knie, Haut, Knochen   *Salz*

29
 00.00 24.00

Dienstag
Unterschenkel, Venen   *Fett*

30
 00.00 15.58   15.58 24.00

Mittwoch
Unterschenkel, Venen   *Fett*

31
 00.00 24.00

Donnerstag
Füße, Zehen   *Kohlenhydrate*

1
 00.00 15.26   15.26 24.00

Freitag   **Hl. Ägidius**
Füße, Zehen   *Kohlenhydrate*

2
 00.00 24.00

Samstag
Kopf, Gesicht   *Eiweiß*

3
 00.00 17.01   17.01 24.00

Sonntag
Kopf, Gesicht   *Eiweiß*

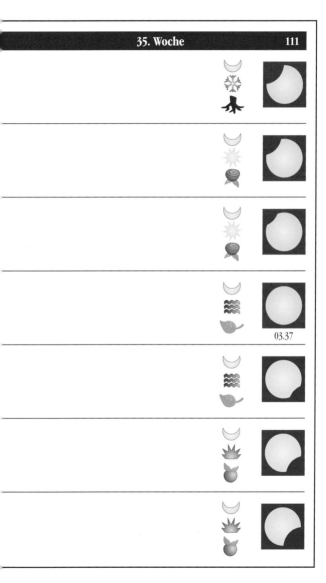

03.37

4 00.00
24.00

Montag
Kiefer, Hals, Nacken *Salz*

5 00.00
22.08 22.08
24.00

Dienstag
Kiefer, Hals, Nacken *Salz*

6 00.00
24.00

Mittwoch
Schultern, Arme, Hände *Fett*

7 00.00
24.00

Donnerstag
Schultern, Arme, Hände *Fett*

8 00.00
07.01 07.01
24.00

Freitag   Mariä Geburt
Magen, Lunge, Galle, Leber   Kohlenhydrate

9 00.00
24.00

Samstag
Magen, Lunge, Galle, Leber   Kohlenhydrate

10 00.00
18.37 18.37
24.00

Sonntag
Magen, Lunge, Galle, Leber   Kohlenhydrate

11 00.00 24.00

Montag
Herz, Kreislauf, Blutdruck   *Eiweiß*

12 00.00 24.00

Dienstag   **Mariä Namen**
Herz, Kreislauf, Blutdruck   *Eiweiß*

13 00.00 07.19   07.19 24.00

Mittwoch
Stoffwechsel, Verdauung   *Salz*

14 00.00 24.00

Donnerstag
Stoffwechsel, Verdauung   *Salz*

15 00.00 19.46   19.46 24.00

Freitag
Stoffwechsel, Verdauung   *Salz*

16 00.00 24.00

Samstag
Hüfte, Nieren, Blase   *Fett*

17 00.00 24.00

Sonntag   **Eidgenössischer Bettag**
Hüfte, Nieren, Blase   *Fett*

03.41

18 00.00 06.59   06.59 24.00

Montag
Sexualorgane, Harnleiter   *Kohlenhydrate*

19 00.00 24.00

Dienstag
Sexualorgane, Harnleiter   *Kohlenhydrate*

20 00.00 16.07   16.07 24.00

Mittwoch   Weltkindertag
Sexualorgane, Harnleiter   *Kohlenhydrate*

21 00.00 24.00

Donnerstag   Hl. Matthäus
Oberschenkel, Venen   *Eiweiß*

22 00.00 22.21   22.21 24.00

Freitag
Oberschenkel, Venen   *Eiweiß*

23 00.00 24.00

Samstag   Herbstanfang
Knie, Haut, Knochen   *Salz*

24 00.00 24.00

Sonntag
Knie, Haut, Knochen   *Salz*

21.33

25
 00.00
01.31 01.31
24.00

Montag
Unterschenkel, Venen *Fett*

26
 00.00
24.00

Dienstag
Unterschenkel, Venen *Fett*

27
 00.00
02.19 02.19
24.00

Mittwoch
Füße, Zehen *Kohlenhydrate*

28
 00.00
24.00

Donnerstag
Füße, Zehen *Kohlenhydrate*

29
 00.00
02.18 02.18
24.00

Freitag Hl. Michael
Kopf, Gesicht *Eiweiß*

30
 00.00
24.00

Samstag
Kopf, Gesicht *Eiweiß*

1
 00.00
03.19 03.19
24.00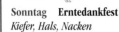

Sonntag Erntedankfest
Kiefer, Hals, Nacken *Salz*

11.59

2
 00.00
24.00

Montag
Kiefer, Hals, Nacken   *Salz*

3
 00.00
07.04   07.04
24.00

Dienstag   **Tag der Deutschen Einheit**
Schultern, Arme, Hände   *Fett*

4
 00.00
24.00

Mittwoch   **Welttierschutztag**
Schultern, Arme, Hände   *Fett*

5
 00.00
14.33   14.33
24.00

Donnerstag
Schultern, Arme, Hände   *Fett*

6
 00.00
24.00

Freitag
Magen, Lunge, Galle, Leber   *Kohlenhydrate*

7
 00.00
24.00

Samstag
Magen, Lunge, Galle, Leber   *Kohlenhydrate*

8
 00.00
01.26   01.26
24.00

Sonntag
Herz, Kreislauf, Blutdruck   *Eiweiß*

15.49

9
 00.00   24.00

Montag
Herz, Kreislauf, Blutdruck   *Eiweiß*

10
 00.00   14.03   14.03   24.00

Dienstag
Herz, Kreislauf, Blutdruck   *Eiweiß*

11
 00.00   24.00

Mittwoch
Stoffwechsel, Verdauung   *Salz*

12
00.00   24.00

Donnerstag
Stoffwechsel, Verdauung   *Salz*

13
 00.00   02.23   02.23   24.00

Freitag
Hüfte, Nieren, Blase   *Fett*

14
 00.00   24.00

Samstag
Hüfte, Nieren, Blase   *Fett*

15
 00.00   13.05   13.05   24.00

Sonntag   **Kirchweihfest**
Hüfte, Nieren, Blase   *Fett*

16 00.00
24.00
Montag
Sexualorgane, Harnleiter   *Kohlenhydrate*

17 00.00
21.38 21.38
24.00
Dienstag
Sexualorgane, Harnleiter   *Kohlenhydrate*

18 00.00
24.00
Mittwoch
Oberschenkel, Venen   *Eiweiß*

19 00.00
24.00
Donnerstag
Oberschenkel, Venen   *Eiweiß*

20 00.00
03.56 03.56
24.00
Freitag
Knie, Haut, Knochen   *Salz*

21 00.00
24.00
Samstag   **Hl. Ursula**
Knie, Haut, Knochen   *Salz*

22 00.00
08.07 08.07
24.00
Sonntag
Unterschenkel, Venen   *Fett*

05.31

23
 00.00
24.00
Montag
Unterschenkel, Venen *Fett*

24
 00.00
10.34 10.34
24.00

Dienstag
Füße, Zehen *Kohlenhydrate*

25
 00.00
24.00

Mittwoch
Füße, Zehen *Kohlenhydrate*

26
00.00
12.03 12.03
24.00

Donnerstag **Nationalfeiertag Österreichs**
Füße, Zehen *Kohlenhydrate*

27
 00.00
24.00
Freitag
Kopf, Gesicht *Eiweiß*

28
 00.00
13.45 13.45
24.00
Samstag
Kopf, Gesicht *Eiweiß*

29
 00.00
24.00

Sonntag **Ende der Sommerzeit**
Kiefer, Hals, Nacken *Salz*

22.25

30 00.00   16.09 16.09   24.00
Montag
Kiefer, Hals, Nacken   *Salz*

31 00.00   24.00
Dienstag   Reformationsfest   **Halloween**
Schultern, Arme, Hände   *Fett*

1 00.00   22.31 22.31   24.00
Mittwoch   Allerheiligen
Schultern, Arme, Hände   *Fett*

2 00.00   24.00
Donnerstag   **Allerseelen**
Magen, Lunge, Galle, Leber   *Kohlenhydrate*

3 00.00   24.00
Freitag
Magen, Lunge, Galle, Leber   *Kohlenhydrate*

4 00.00   08.22 08.22   24.00
Samstag
Herz, Kreislauf, Blutdruck   *Eiweiß*

5 00.00   24.00
Sonntag
Herz, Kreislauf, Blutdruck   *Eiweiß*

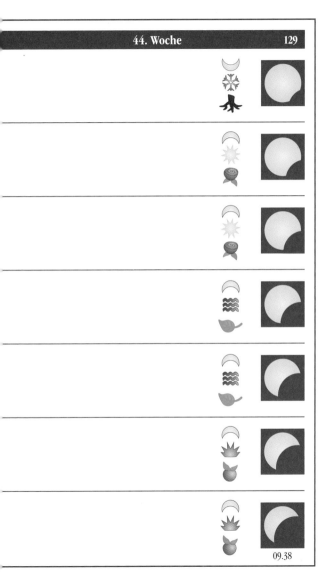

6   00.00 / 20.40   20.40 / 24.00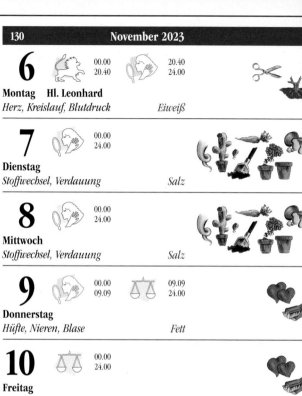

Montag   Hl. Leonhard
Herz, Kreislauf, Blutdruck   *Eiweiß*

7   00.00 / 24.00

Dienstag
Stoffwechsel, Verdauung   *Salz*

8   00.00 / 24.00

Mittwoch
Stoffwechsel, Verdauung   *Salz*

9   00.00 / 09.09   09.09 / 24.00

Donnerstag
Hüfte, Nieren, Blase   *Fett*

10   00.00 / 24.00

Freitag
Hüfte, Nieren, Blase   *Fett*

11   00.00 / 19.40   19.40 / 24.00

Samstag   Martinstag
Hüfte, Nieren, Blase   *Fett*

12   00.00 / 24.00

Sonntag
Sexualorgane, Harnleiter   *Kohlenhydrate*

13 00.00
24.00

Montag

Sexualorgane, Harnleiter   *Kohlenhydrate*

14 00.00
03.24   03.24
24.00

Dienstag

Oberschenkel, Venen   *Eiweiß*

15 00.00
24.00

Mittwoch

Oberschenkel, Venen   *Eiweiß*

16 00.00
08.43   08.43
24.00

Donnerstag

Knie, Haut, Knochen   *Salz*

17 00.00
24.00

Freitag

Knie, Haut, Knochen   *Salz*

18 00.00
12.29   12.29
24.00

Samstag

Knie, Haut, Knochen   *Salz*

19 00.00
24.00

Sonntag   **Volkstrauertag**   **Hl. Elisabeth**

Unterschenkel, Venen   *Fett*

10.29

20
 00.00   15.30
15.30   24.00

Montag
Unterschenkel, Venen   *Fett*

21
 00.00
24.00

Dienstag
Füße, Zehen   *Kohlenhydrate*

22
 00.00   18.21
18.21   24.00

Mittwoch   Buß- und Bettag
Füße, Zehen   *Kohlenhydrate*

23
 00.00
24.00

Donnerstag
Kopf, Gesicht   *Eiweiß*

24
 00.00   21.30
21.30   24.00

Freitag
Kopf, Gesicht   *Eiweiß*

25
 00.00
24.00

Samstag   Hl. Katharina
Kiefer, Hals, Nacken   *Salz*

26
 00.00
24.00

Sonntag   Totensonntag
Kiefer, Hals, Nacken   *Salz*

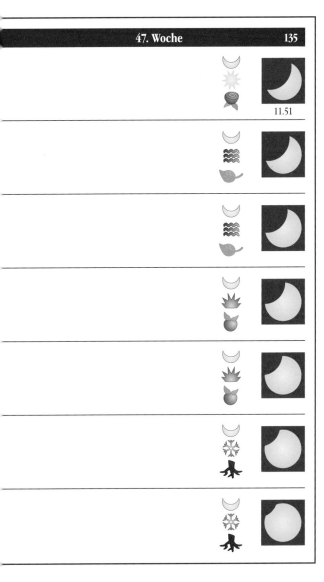

11.51

27
 00.00
01.41
 01.41
24.00

Montag
Schultern, Arme, Hände   *Fett*

28
 00.00
24.00

Dienstag
Schultern, Arme, Hände   *Fett*

29
 00.00
07.55
 07.55
24.00

Mittwoch
Magen, Lunge, Galle, Leber   *Kohlenhydrate*

30
 00.00
24.00

Donnerstag
Magen, Lunge, Galle, Leber   *Kohlenhydrate*

1
 00.00
17.02
 17.02
24.00

Freitag
Magen, Lunge, Galle, Leber   *Kohlenhydrate*

2
 00.00
24.00

Samstag
Herz, Kreislauf, Blutdruck   *Eiweiß*

3
00.00
24.00

Sonntag   **1. Advent**
Herz, Kreislauf, Blutdruck   *Eiweiß*

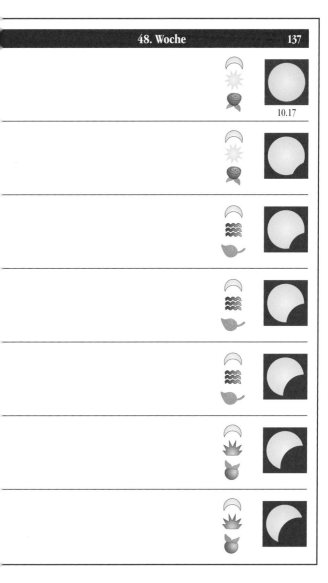

10.17

4 00.00 04.51   04.51 24.00

Montag   Barbaratag
Stoffwechsel, Verdauung   *Salz*

5 00.00 24.00

Dienstag
Stoffwechsel, Verdauung   *Salz*

6 00.00 17.36   17.36 24.00

Mittwoch   Nikolaustag
Stoffwechsel, Verdauung   *Salz*

7 00.00 24.00

Donnerstag
Hüfte, Nieren, Blase   *Fett*

8 00.00 24.00

Freitag   Mariä Empfängnis
Hüfte, Nieren, Blase   *Fett*

9 00.00 04.36   04.36 24.00

Samstag
Sexualorgane, Harnleiter   *Kohlenhydrate*

10 00.00 24.00

Sonntag   2. Advent
Sexualorgane, Harnleiter   *Kohlenhydrate*

06.50

11
 00.00   12.12   12.12   24.00

Montag
Sexualorgane, Harnleiter   *Kohlenhydrate*

12
 00.00   24.00

Dienstag
Oberschenkel, Venen   *Eiweiß*

13
 00.00   16.33   16.33   24.00

Mittwoch   Hl. Luzia
Oberschenkel, Venen   *Eiweiß*

14
 00.00   24.00

Donnerstag
Knie, Haut, Knochen   *Salz*

15
 00.00   18.57   18.57   24.00

Freitag
Knie, Haut, Knochen   *Salz*

16
 00.00   24.00

Samstag
Unterschenkel, Venen   *Fett*

17
 00.00   20.59   20.59   24.00

Sonntag   3. Advent
Unterschenkel, Venen   *Fett*

00.33

18
 00.00
24.00

Montag
Füße, Zehen   *Kohlenhydrate*

19
 00.00
23.48   23.48
24.00

Dienstag
Füße, Zehen   *Kohlenhydrate*

20
 00.00
24.00

Mittwoch
Kopf, Gesicht   *Eiweiß*

21
 00.00
24.00

Donnerstag
Kopf, Gesicht   *Eiweiß*

22
 00.00
03.51   03.51
24.00

Freitag   **Winteranfang**
Kiefer, Hals, Nacken   *Salz*

23
 00.00
24.00

Samstag
Kiefer, Hals, Nacken   *Salz*

24
 00.00
09.16   09.16
24.00

Sonntag   **4. Advent**   Heiligabend
Schultern, Arme, Hände   *Fett*

19.40

25 00.00
24.00

Montag   1. Weihnachtstag
Schultern, Arme, Hände   *Fett*

---

26 00.00
16.16   16.16
24.00

Dienstag   2. Weihnachtstag
Schultern, Arme, Hände   *Fett*

---

27 00.00
24.00

Mittwoch
Magen, Lunge, Galle, Leber   Kohlenhydrate

---

28 00.00
24.00

Donnerstag
Magen, Lunge, Galle, Leber   Kohlenhydrate

---

29 00.00
01.24   01.24
24.00

Freitag
Herz, Kreislauf, Blutdruck   *Eiweiß*

---

30 00.00
24.00

Samstag
Herz, Kreislauf, Blutdruck   *Eiweiß*

---

31 00.00
12.54   12.54
24.00

Sonntag   Silvester
Herz, Kreislauf, Blutdruck   *Eiweiß*

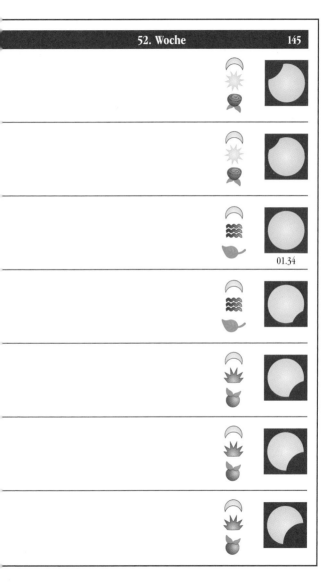

01.34

Adressenverzeichnis

A

B

Adressenverzeichnis

C

D

Adressenverzeichnis

E

F

Adressenverzeichnis

G

H

I J

Adressenverzeichnis

K

L

M

N

O

P

Q

R

S

T

Adressenverzeichnis

U

V

W

X Y

Z

Notizen

Schulferien 2023 in Deutschland

Land	Skiferien	Ostern/ Frühjahr	Himmelf./ Pfingsten/ Fronleichn.	Sommer	Herbst	Weih- nachten
Baden– Württemberg	---	06.04. + 11.–15.04.	30.05.–09.06.	27.07.–09.09.	30.10.–03.11.	23.12.– 05.01.
Bayern	20.–24.02.	03.–15.04.	30.05.–09.06.	31.07.– 11.09.	30.10.–03.11. + 22.11.	23.12.– 05.01.
Berlin	30.01.– 04.02.	03.–14.04.	19. + 30.05.	13.07.– 25.08.	02.10 + 23.10.–04.11.	23.12.– 05.01.
Brandenburg	30.01.– 03.02.	03.–14.04.	---	13.07.– 26.08.	23.10.–04.11.	23.12.– 05.01.
Bremen	30. + 31.01.	27.03.–11.04.	19. + 30.05.	06.07.– 16.08.	02.10. + 16.–30.10.	23.12.– 05.01.
Hamburg	27.01.	06.–17.03.	15.–19.05.	13.07.– 23.08.	02.10. + 16.–27.10.	22.12.– 05.01.
Hessen	---	03.–22.04.	---	24.07.– 01.09.	23.–28.10.	27.12.– 13.01.
Mecklenburg– Vorpommern	06.–18.02.	03.–12.04.	19.05. + 26.–30.05.	17.07.– 26.08.	09.–14.10. + 30.10. + 01.11.	21.12.– 03.01.
Nieder- sachsen	30. + 31.01.	27.03.– 11.04.	19. + 30.05.	06.07.– 16.08.	02.10. + 16.–30.10.	27.12.– 05.01.
Nordrhein– Westfalen	---	03.–15.04.	30.05.	22.06.– 04.08.	02.–14.10.	21.12.– 05.01.
Rheinland– Pfalz	---	03.–06.04.	30.05.– 07.06.	24.07.– 01.09.	16.–27.10.	27.12.– 05.01.
Saarland	20.–24.02.	03.–12.04.	30.05.– 02.06.	24.07.– 01.09.	23.10.–03.11.	21.12.– 02.01.
Sachsen	13.–24.02.	07.–15.04.	19.05.	10.07.– 18.08.	02.–14.10. + 30.10.	23.12.– 02.01.
Sachsen– Anhalt	06.–11.02.	03.–08.04.	15.–19.05.	06.07.– 16.08.	02.10. + 16.–30.10.	21.12.– 03.01.
Schleswig– Holstein	---	06.–22.04.	19. + 20.05.	17.07.– 26.08.	16.–27.10.	27.12.– 06.01.
Thüringen	13.–17.02.	03.–15.04.	19.05.	10.07.–19.08.	02.–14.10.	22.12.– 05.01.

Angegeben sind jeweils der erste und der letzte Ferientag. Für die Richtigkeit der Termine kann keine Gewähr übernommen werden.

Redaktioneller Stand: 28.02.2022

Übersichtskalender 2024

Januar · Februar · März

	Januar					**Februar**					**März**				
Mo	1	8	15	22	29		5	12	19	26		4	11	18	🌗
Di	2	9	16	23	30		6	13	20	27		5	12	19	26
Mi	3	10	17	24	31		7	14	21	28		6	13	20	27
Do	🌗	🌑	🌓	☺		1	8	15	22	29		7	14	21	28
Fr	5	12	19	26		2	9	🌓	23		1	8	15	22	29
Sa	6	13	20	27		🌗	🌑	17	☺		2	9	16	23	30
So	7	14	21	28		4	11	18	25		🌗	🌑	🌓	24	31

April · Mai · Juni

	April					**Mai**					**Juni**				
Mo	1	🌑	🌓	22	29		6	13	20	27		3	10	17	24
Di	🌗	9	16	23	30		7	14	21	28		4	11	18	25
Mi	3	10	17	☺		🌗	🌑	🌓	22	29		5	12	19	26
Do	4	11	18	25		2	9	16	☺	🌗		🌑	13	20	27
Fr	5	12	19	26		3	10	17	24	31		7	🌓	21	🌗
Sa	6	13	20	27		4	11	18	25		1	8	15	☺	29
So	7	14	21	28		5	12	19	26		2	9	16	23	30

Juli · August · September

	Juli					**August**					**September**				
Mo	1	8	15	22	29		5	🌓	☺	🌗		2	9	16	23	30
Di	2	9	16	23	30		6	13	20	27		🌑	10	17	🌗
Mi	3	10	17	24	31		7	14	21	28		4	🌓	☺	25
Do	4	11	18	25		1	8	15	22	29		5	12	19	26
Fr	5	12	19	26		2	9	16	23	30		6	13	20	27
Sa	🌑	13	20	27		3	10	17	24	31		7	14	21	28
So	7	🌓	☺	🌗		🌑	11	18	25		1	8	15	22	29

Oktober · November · Dezember

	Oktober					**November**					**Dezember**				
Mo	7	14	21	28		4	11	18	25		2	9	16	23	🌑
Di	1	8	15	22	29		5	12	19	26		3	10	17	24	31
Mi	🌑	9	16	23	30		6	13	20	27		4	11	18	25
Do	3	🌓	☺	🌗	31		7	14	21	28		5	12	19	26
Fr	4	11	18	25		🌑	8	☺	22	29		6	13	20	27
Sa	5	12	19	26		2	🌓	16	🌗	30		7	14	21	28
So	6	13	20	27		3	10	17	24		🌓	🌓	☺	🌗	29

🌑 Neumond 🌓 Zunehmender Halbmond ☺ Vollmond 🌗 Abnehmender Halbmond